Wolfgang Blohm

# ENTSCHULDIGEN SIE, WER BIN ICH?

Wege aus dem Lost-Sense-Syndrom
zurück in die eigene Identität

# Wolfgang Blohm

# Entschuldigen Sie, wer bin ich?

## Wege aus dem Lost-Sense-Syndrom zurück in die eigene Identität

Wolfgang Blohm
Entschuldigen Sie, wer bin ich?

© J.Kamphausen in J. Kamphausen Mediengruppe GmbH, Bielefeld

ISBN print 978-3-89901-900-1
ISBN e-Book 978-3-89901-901-8

Lektorat: Dana Haralambie
Gestaltung: Kerstin Fiebig | ad department
Druck & Verarbeitung: fgb · Proost Industries, Freiburg im Breisgau

www.weltinnenraum.de

1. Auflage 2015

Bibliografische Information der Deutschen Nationalbibliothek:
Die Deutsche Nationalbibliothek verzeichnet diese Publikation in der
Deutschen Nationalbibliografie; detaillierte bibliografische Daten sind
im Internet über http://dnb.d-nb.de abrufbar.

Dieses Buch wurde auf 100 % Altpapier gedruckt
und ist alterungsbeständig. Weitere Informationen hierzu
finden Sie unter www.weltinnenraum.de.

## WIDMUNG

Dieses Buch widme ich meinem Sohn Rasmus.
Ohne seine stete Ermunterung, sein Interesse und
seine mitreißende Jugend wäre es wohl nicht
geschrieben worden.

## DANKSAGUNG

Ich danke allen Menschen, denen ich
im therapeutischen Kontext begegnen durfte,
und die sich mir so sehr vertrauensvoll
und offen zeigten.

Für manchen Rat und manche Hilfe
danke ich meinem Sohn Urs.

Und ich danke von ganzem Herzen Birgit,
denn die Grundlagenarbeit mit ihr ist immer noch
das tragende Element.

# Inhalt

# EINLEITUNG: ETWAS HAT SICH VERÄNDERT

Seit jeher hört oder liest man immer wieder: „Früher war alles viel besser." Schaut man sich dann einmal die Lebensbedingungen von *früher* genauer an, lässt sich eine solche Aussage kaum belegen – jedenfalls nicht von der Generation, die *früher* nicht erlebt hat, sondern Informationen darüber aus den zur Verfügung stehenden Medien bezieht.

Wie war es *früher* wirklich? Nehmen wir einmal an, dass damit die Zeit vor rund 50 bis 70 Jahren gemeint ist, also vor rund zwei Generationen: Die Arbeitstage waren lang, kaum einer nannte ein Auto sein Eigen, ein Fernseher fand sich kaum in einem Haus, anstelle von Zentralheizung gab es Kohleöfen, die mühsam beschickt werden mussten, Computer und Internet waren noch nicht einmal vom Namen her bekannt. Und das soll besser gewesen sein?

Diejenigen, die dieses *Früher* selbst erlebt und mitgestaltet haben, argumentieren dagegen so: Alles hatte seine Ordnung, alles hatte seinen Platz, man hatte seine Sicherheit, auch wenn der abgesteckte Rahmen kleiner war. Man konnte sich auf diesen Rahmen aber immer verlassen.

Das gab dem Leben ein bekömmliches, ein sicheres Gefühl. Und neben solch einem guten Gefühl hatte man dann Zeit für Ruhe, für Muße, für Müßiggang, man hatte Zeit, um die Sinne zu öffnen, Zeit, um sich wahrzunehmen und Zeit, um sich zu besinnen.

Die Lebensbedingungen im Deutschland unserer Tage gelten bei allen Einschränkungen und Spielräumen für Verbesserungen weltweit geradezu als paradiesisch.

Die Arbeitszeiten sind begrenzt, jedes Haus verfügt über eine umfangreiche Energieversorgung vom Strom bis zur Beheizung, Lebensmittel stehen fast überall im Überfluss zur Verfügung und selbst Empfänger von Mindestunterhaltssätzen müssen nicht hungern oder frieren. Auf der sozialen Ebene findet zwar weniger Kommunikation im direkten Umfeld – z. B. Gespräche mit dem Nachbarn – statt, aber man hat ja auch sein Smartphone, das ständig und überall verfügbare World Wide Web und ist gleichsam mit der Welt über Facebook oder Skype vernetzt.

Unter solchen – im Vergleich zur Mitte des letzten Jahrhunderts – feinen und sicheren sozialen Bedingungen muss es sich doch wahrlich gut und trefflich leben lassen!

*Spiegel online* meldete im Jahre 2011, dass die Anzahl der psychischen Erkrankungen in den letzten 10 Jahren dramatisch angestiegen sei. Die Anzahl depressiver Erkrankungen hat sich seit der Jahrtausendwende mehr als verdoppelt. Der Anteil seelischer Erkrankungen bei Arbeitsunfähigkeit erhöhte sich von 6,6 auf 13,1 %, womit die Zahl der Arbeitsunfähigkeitstage, die psychisch begründet waren, von 33,6 Millionen Tage in 2001 auf 53,5 Millionen Tagen in 2010 anstieg.

Diese Zahlen wurden im Verbund mit gesetzlichen Kassen erhoben, sie sind keine hochgerechneten Prognosen, sondern reale Zahlen aus dem Alltag.

Bei den psychischen Erkrankungen stehen Depressionen, Burn-out-Syndrom, Angststörungen und Zwangserkrankungen im Vordergrund, bei jungen Menschen spielen Ernährungsstörungen wie Magersucht oder das Ritzen der Haut eine zunehmend große Rolle.

*Etwas hat sich verändert.*
Die Lebensrahmenbedingungen – wie Versorgung, Ernährung, Unterkunft und Arbeitszeit – haben sich nachweisbar verbessert. Zeitgleich hat sich die Anzahl der Menschen mit seelischen Erkrankungen in der Bundesrepublik während der letzten zehn Jahre mehr als verdoppelt.

Blickt man einmal zurück in die Geschichte, so gibt es in jeder Epoche bestimmte Häufungen an Erkrankungen oder „Psychomoden" (Rudolf Sponsel, Erlangen). Im Zusammenhang damit lassen sich aus zahlreichen Perspektiven kulturelle, soziologische, religiöse oder medizinische Wurzeln dafür finden.

Die Auswertung einiger Tausend Krankheitsgeschichten aus meiner eigenen klinischen Arbeit zeigt Ergebnisse, die sich als deckungsgleich mit denen an anderen Stellen umfänglich erhobenen Befragungen erweisen. Hat sich das seelische Krankheitsbild zu einer Depression oder einem Burn-out-Syndrom ausdifferenziert, stehen Symptome im Vordergrund, die als typisch anzusehen sind:

• Überforderung,
• Verlust der Kernkompetenzen im Beruf,
• Verlust von Perspektiven,
• ständiger Kampf gegen Stress und Überforderung,
• Verdrängung,
• Aufbau einer Fassade zur Wahrung des Gesichtes,
• im sozialen Umfeld.

Bei den Angststörungen treten immer häufiger neben Angst und Fluchtverhalten auch Panik, soziale Isolierung und die Entwicklung von Vermeidungsstrategien und körperliche Symptome wie Herzrasen, Schweißausbrüche oder Atemnot und Zittern in den Vordergrund.

Zwangsstörungen lassen immer wieder Gedankenschleifen kreisen. Ritualisierte Handlungen nehmen Stunden, statt Minuten in Anspruch. Ausgeliefertsein wird zum prägenden Gefühl des Tages. Je nachdem, in welche Richtung sich das Krankheitsbild entwickelt, zeigen sich dann die entsprechenden Symptome.

Verfolgt man die Krankheitsbilder einmal zurück bis zu deren ersten Anzeichen und sucht zusätzlich nach Gemeinsamkeiten im emotionalen Empfinden der Betroffenen, finden wir statt einer Differenzierung eine signifikante Übereinstimmung, wie das die folgenden Aussagen von Patienten verdeutlichen:

- „Ich habe den Kontakt zu mir verloren."
- „Ich nehme mich nicht mehr wirklich wahr."
- „Meine Orientierung ist mir nicht mehr zugänglich, ich bin mir selbst fremd."
- „Ich stehe meinem Umfeld ratlos gegenüber."
- „Mein Innerstes ist wie abgekoppelt."
- „Es gibt nichts, woran ich mich halten kann."
- „Ich spüre meine Erdung nicht mehr."
- „Mein innerer Maßstab ist mir abhandengekommen."
- „Bis auf das Gefühl der Leere kann ich nichts mehr fühlen."
- „Ich bin ein Fremder in einer fremden Welt."
- „Meine Sinne nehmen nichts mehr wahr."

*Etwas hat sich verändert.*
Die betroffenen Menschen haben den Kontakt zu sich und ihren Sinnen verloren. Sinne und Selbstwahrnehmung ermöglichen uns eine sichere Orientierung. Der Verlust dieser Orientierung führt uns direkt in ein bislang nicht beachtetes Krankheitsbild: *das Lost-Sense-Syndrom.*

Depression und Burn-out, Angst und Zwang sind seine späteren Gefolgen!

# SYMPTOME EINER LEISEN ERKRANKUNG

Wenn das Lost-Sense-Syndrom
in einem Leben Einzug hält, geschieht das
meistens auf ganz leisen Sohlen.

## DER ANFANG

Man spürt es kaum und kann es auch nicht greifen. Bei Depressionen ist es das „Morgentief", eine Mischung aus Leere, Antriebsarmut und Aussichtslosigkeit.

Das Lost-Sense-Syndrom meldet sich meistens mit einem Fragezeichen zur Stelle. Es lässt sich anders kaum und besser

beschreiben: ein *gefühltes inneres Fragezeichen*. Hinzu kommen dann noch weitere Anzeichen – einzeln oder in einer Mischung – in den Fokus der inneren Aufmerksamkeit:
- eine Spur Erstaunen,
- ein gewisses Fremdheitsgefühl,
- eine leise Unsicherheit,
- ein Hauch von Orientierungslosigkeit.

Es lässt sich bereits bei der Beschreibung dieser ersten Symptome erkennen, dass sie nicht wirklich greifbar sind, eher unbestimmt, zart, milde und doch von einer Beharrlichkeit, die innerlich irgendwie aufhorchen lässt.

Man hält dann kurz inne, traut dieser Wahrnehmung nicht so richtig. Es ist eben ein ganz neues und bislang so nicht bekanntes Gefühl. Man spürt noch einmal in sich hinein. Und oft ist dieses neue Gefühl dann bereits wieder verschwunden. Häufig vergisst man es einfach wieder, denn der Alltag mit all seinen zu bewältigenden Aufgaben fordert uneingeschränkte Aufmerksamkeit.

Für eigene Gefühle bleibt da wenig Raum ...

Einige Tage oder Wochen kehrt dann wieder Ruhe ein. Man hatte es schon längst vergessen, da ist es urplötzlich wieder da: dieses Gefühl, das einem Fragezeichen gleicht. Und vielleicht bleibt es dieses Mal ein wenig länger spürbar. Mitunter ist es auch mit einem veränderten Körpergefühl verbunden:
- eine etwas erschwerte Atmung – nicht wirklich eingeschränkt, aber doch angestrengt und nicht absolut spontan;

• ein leichter Druck in der Magengegend – keine Schmerzen, nur ein leichtes Druckgefühl eben;
• die Muskeln wirken vielleicht plötzlich angespannt – nicht verkrampft, aber doch eben angespannt.

Auch diese Veränderungen sind nicht sehr gravierend und verweilen anfänglich nur kurz. Dennoch spürt man sie deutlich, sie sind wie dieses Fragezeichen-Gefühl milde, aber persistent.

Es ist dann kaum zu unterscheiden, ob die leichte Irritation, die sich nun nach einiger Zeit einstellen kann, durch diese körperlichen Symptome ausgelöst wird, oder ob es die zunehmend häufigen Gefühlsveränderungen sind, die sich in dieser Weise auswirken.

*Irgendwie fühlt man sich fremd.*

Der Raum, den diese ersten Veränderungen einnehmen, ist anfangs episodenhaft kurz: Momente, Sekunden, manchmal auch Minuten.

Schnelle Wechsel zur „Normalität", zum gewohnten Alltagserleben, verhindern deshalb häufig, dass die Veränderungen angemessen wahrgenommen werden oder überhaupt bis in die bewusste Wahrnehmung gelangen.

Das ist sicher mit ein Grund dafür, dass das Lost-Sense-Syndrom anfänglich von Betroffenen nicht eingeordnet werden kann. Zu unbestimmt ist es, zu wenig greifbar, und zu flüchtig zeigen sich Symptome und verschwinden wieder.

Im späteren Verlauf, der sich über Wochen und Monate erstrecken kann, kommen dann weitere Veränderungen hinzu. Die Anfangssymptome treten nun häufiger auf. Und neue kleine Unsicherheiten in der Orientierung treten zusätzlich auf den Plan.

Es kann sein, dass die morgendliche Auswahl der Kleidung ganz ungewohnt Probleme bereitet, weil man sich einfach nicht entscheiden kann, immer wieder abwägt, sich mehrfach umentscheidet und nicht wirklich weiß, warum.

Vielleicht ruft auch eine Freundin an und fragt, ob ein gemeinsamer Kinobesuch am Abend möglich wäre. Und wo der Angerufene sonst gewohnt spontan entscheidet, stellen sich ihm jetzt im Inneren zahlreiche Fragen und die eher banale gemeinsame Unternehmung gerät zu einem komplizierten Konstrukt, das nicht nach Gefühl, sondern nach Abwägung zahlreicher Argumente entschieden werden kann.

Ein weiteres Beispiel: Beim Autofahren war der Weg zur Arbeit fast schon Monotonie, der mit einem Minimum an Aufmerksamkeit, das der Verkehr nun einmal fordert, sicher und ohne Anstrengung absolviert werden konnte. Nun schaut man häufiger verunsichert in den Rückspiegel, wechselt nur noch ungern, statt selbstverständlich die Spur, fährt im Ganzen eher verhalten. Die Sicherheit scheint gleichsam auf der Strecke geblieben zu sein.

Überhaupt ist man jetzt häufiger in Gedanken und immer wieder für ein paar Minuten mehr nach innen als nach außen orientiert. Das ist dann mit einem Gefühl vergleichbar, als wäre man auf der Suche nach etwas: unbestimmt, ohne konkretes Ziel, mehr wie ein hilfloses Umsehen im eigenen inneren Ich.

*Denn irgendetwas hat sich verändert.*

Im Alltag beginnt es, hin und wieder Konsequenzen zu haben: Freunde oder Arbeitskollegen stellen mitunter Fragen wie „Ist alles in Ordnung bei dir?" oder „Hast du Probleme?". Oder sie bieten ihre Unterstützung an: „Wenn du einmal reden möchtest, bin ich gerne für dich da." Und weil die Aufmerksamkeit, wie schon beschrieben, immer wieder von außen nach innen wandert, schleichen sich dann auch manche Fehler ein, die man vorher nicht so kannte.

In diesem Stadium der Entwicklung des Lost-Sense-Syndroms treten zunehmend Angstsymptome auf. Die können sich allein auf der Gefühlsebene bewegen, sodass man dann eben Angst spüren kann. Es können aber auch weitere Organbereiche mit einbezogen werden und es entstehen Beschwerden wie

· Atemnot,
· Schwindelgefühle,
· Schwitzen,
· Herzrasen oder
· Übelkeit.

Das Ergebnis: Man fühlt sich immer häufiger fremd im eigentlich gewohnten Umfeld. Betroffene in diesem Stadium erleben die morgendliche Begrüßung am Arbeitsplatz nicht mehr als fröhliches Begrüßungsritual, mit dem sie sich in die Gemeinschaft einfinden. Vielmehr erleben sie es als unangemessen, vielleicht übertrieben, haben ein spontanes Abgrenzungsgefühl oder wundern sich über solche Oberflächlichkeiten bei Kollegen, die sie nicht wirklich aufrichtig schätzen.

In der Freizeit, die Raum für eigene Wünsche und Bedürfnisse lässt, finden Veränderungen besonders eindrucksvoll statt.

Leider erkennt man das oft erst im Nachhinein, weil Achtsamkeit und Aufmerksamkeit bereits längere Zeit auf andere Bereiche gerichtet sind. Es ist aber auch sehr gut möglich, dass die Veränderungen in diesem Areal schon – oder besonders – zu Anfang der Symptomkette wahrgenommen wird.

### OHNE LOST-SENSE-SYNDROM

Jeder der folgenden Bereiche lässt das Erspüren der eigenen Gefühle immer deutlicher werden:

**Spaziergänge** ermöglichen ein sehr intensives Erleben der eigenen Sinne. Man spürt den Wind auf der Haut, man riecht den Duft der Wiesen, Wälder oder des Meeres, man erlebt intensive Färbungen des Himmels im Abendrot. Wer sich in der Natur aufhält, erlebt sich selbst über seine Sinne. Und diese Wahrnehmung ist besonders intensiv und spontan, da benötigt es weder Erklärungen noch intellektuelle Konstrukte: Man erlebt sich einfach.

Auch beim **Sport** nimmt man sich und seinen Körper sehr direkt und auf eine ganz eigene Art wahr, je nach Belastung und Bewegungsart. Da ist es gleichgültig, ob man zum Bowling geht, ein Anhänger des Joggings ist oder lieber auf dem Rad den Körper trainiert. Immer ist Bewegung ein Impulsgeber für das Erspüren von Muskeln, Gelenken und der Haut.

Wer es in seiner freien Zeit vorzieht, **Musik** zu hören, aktiviert damit seine innere Wahrnehmung und seine Gefühle auf eine einzigartige Weise. Musik kann direkt in die Entspannung führen, bis hin zu leichten Trancen, sie kann Bewegung auslösen oder Fröhlichkeit. Die Möglichkeiten auf diesem Gebiet sind an Vielfalt kaum zu überbieten.

## MIT LOST-SENSE-SYNDROM

Bei all den oben aufgeführten Bereichen führt das Lost-Sense-Syndrom zu einer allmählichen Abflachung der Gefühle: statt mehr zu erspüren, verblassen sie langsam.

Beim **Spaziergang** durch den Wald ist das Spazieren abhanden gekommen – der körperliche Vorgang nun mechanisiert. Alle Eindrücke, die vorher intensive Erlebnisse von sich und der Natur vermittelten, sind nicht mehr verfügbar. Man *geht* durch ein Waldstück – und sonst nichts. Es fehlt, was vorher immer selbstverständlich zur Verfügung stand: der emotionale Bezug, das gefühlsmäßige Erleben.

**Sport** gerät in diesem Kontext nur noch zur Anstrengung, der Blick auf die Uhr oder das Pulsometer sind wichtiger als das genussreiche Gefühl, seine Muskeln kraftvoll zu spüren.

**Musik** läuft nun im Hintergrund, ohne dass man sie wirklich hört. Sie ist eben da, aber man wird nicht mehr von ihr berührt.

Und deutlich wird erkennbar: Der Mensch hat den Bezug zu sich selbst verloren. Er nimmt sich in seiner Welt nicht mehr wirklich wahr. Damit ist das zentrale Element der eigenen Orientierung nur noch sehr eingeschränkt verfügbar. Denn angemessene und wirklich authentische Maßstäbe zur Gestaltung des eigene Leben lassen sich nur in der eigenen Mitte zuverlässig finden.

## DAS FORTSCHREITEN

Der weitere Verlauf in diesem Stadium der Erkrankung wird durch das Verhalten der Betroffenen bestimmt.

### GEHEIMHALTUNG UND ÜBERSPIELEN

Sehr viele Menschen versuchen, die Symptome der Krankheit und die damit verbundenen Konsequenzen vor den Mitmenschen und in ihrem Umfeld zu verbergen. Als Kompensationsmechanismus dient ihnen dabei ein vermehrter Einsatz am Arbeitsplatz oder für die Familie. Geschäftige Aktivität, immer mehr Einsatz und über die Belastungsgrenzen hinausgehende Kraftanstrengungen setzen dann eine bald nicht mehr beherrschbare Dynamik in Gang. Da sich an dem Hintergrund und an den Ursachen der Erkrankung nichts ändert, müssen immer größere Anstrengungen unternommen werden, die immer tiefer in die Aussichtslosigkeit führen und in eine immer größere Erschöpfung.

Eine solche Spirale von Kompensation und Aktivismus endet immer in einem Burn-out-Syndrom mit einer totalen Erschöpfung.

## KAMPF UND KONTROLLE

Eine weitere Möglichkeit im Umgang mit dem Lost-Sense-Syndrom besteht darin, gegen die Symptome anzukämpfen. Alle zur Verfügung stehenden Kräfte werden aufgebracht, um sich dagegenzustemmen, den Symptomen die Stirn zu bieten und sich so zu verhalten, als habe sich nichts verändert. Das eigene Verhalten wird ständig auf Fehler untersucht, die die Ursache der eingetretenen Veränderungen sein könnten, ohne dass die Suche von Erfolg gekrönt wäre. Und jede mögliche Kraftreserve gelangt bis zur Erschöpfung zum Einsatz, um das eigene Verhalten zu kontrollieren und trotz der Symptome ein „normales" Leben zu gestalten.

Doch dieser Kampf ist aussichtslos, weil die Symptome Sieger bleiben. Auch er endet in der Depression: Die Betroffenen haben alles gegeben und das Ziel dennoch nicht erreicht.

## ORIENTIERUNGSLOSIGKEIT UND BEDROHUNGSGEFÜHLE

Anderen Betroffenen stehen diese Kompensationsmechanismen in dem lebenslang erworbenen Repertoire aus Lösungsmöglichkeiten von Konflikten nicht zur Verfügung. Und deshalb greifen Unsicherheit und Orientierungslosigkeit immer mehr um sich. Man fühlt sich dann im eigenen Leben immer fremder, erlebt sich ausgeliefert und ohne Einfluss auf das Geschehen. Überall lauern Gefahren, alle sonst vertrauten Wege und Begegnungen werden als bedrohlich erlebt. Man meidet immer mehr Sozialkontakte, verlässt die Wohnung nur noch selten. Bereits kleine, unvorhergesehene Veränderungen werfen diese Verunsicherten aus der Bahn. Es finden sich immer weniger Orte, an denen sie sich sicher fühlen können. An Arbeit ist sehr schnell nicht mehr zu denken, und auch die sonst vertraute Familie bietet keinen Halt. Niemand im Umfeld versteht, warum das so ist, so sind die Betroffenen alleine mit sich selbst, und ihre Verzweiflung nimmt stetig zu. – Eine Angst- und Panikstörung hat sich entwickelt.

## VERLUST DES ZUGANGS ZU SICH SELBST

Für alle Betroffenen zeigt sich irgendwann: Sie verlieren immer mehr den Kontakt zu ihren Ressourcen und zur inneren Sicherheit.

Immer weiter entfernen sie sich von der eigenen Orientierung und geraten immer häufiger in ein Gefängnis aus Angst, Ratlosigkeit und Entfremdung.

Früher oder später wird es dann unumgänglich, externe Hilfe aufzusuchen bei einem Arzt oder einem Psychotherapeuten, wenn man nicht untergehen möchte. Spontanheilungen sind möglich, aber doch sehr selten.

Innerhalb der Familie oder im Freundeskreis fehlt meistens die professionelle Distanz, um Zusammenhänge zu erkennen und Orientierung und Hilfe geben zu können. Verständnis und freundliche Zuwendung sind wichtig und wirken unterstützend, helfen aber in diesem Zustand alleine nicht mehr weiter.

## IM KLINIKALLTAG

Was sind das für Menschen, die mit Lost-Sense-Syndrom in der Klinik behandelt werden? Hier finden sich Menschen mit unterschiedlichem Hintergrund und individueller Geschichte, die im therapeutischen Kontext Außenperspektiven in Anspruch nehmen möchten, um wieder Klarheit und Orientierung in ihre Lebensgestaltung zu bringen.

Die hier aufgeführten Beispiele sind vom Wesen und vom Inhalt her authentisch und nur ein wenig verfremdet, um Wiedererkennungseffekte zu vermeiden und damit die Privatsphäre der Betroffenen zu schützen. In allen Fällen habe ich die Zustimmung von den Patienten erhalten, diese Beispiele auch anderen Menschen zugänglich zu machen.

Menschen sind sehr komplexe Wesen, und nicht weniger vielschichtig gestaltet sich aus diesem Grunde die Psychotherapie. Deshalb können die folgenden Beispiele aus der klinischen Arbeit naturgemäß lediglich Streiflichter sein und nur zentrale Ausschnitte im Umgang mit dem Lost-Sense-Syndrom und den betroffenen Menschen darstellen.

### TYPISCHE ÄUSSERUNGEN BETROFFENER

„Es ist sehr merkwürdig. Etwas hat sich in meinem Leben verändert, und ich kann es nicht beschreiben. Alles ist so wie früher und doch komplett anders. Mein Tagesablauf ist der gleiche, meine Freizeitaktivitäten haben sich kaum verändert. Meine

Sozialkontakte sind weniger geworden, das stimmt. Aber insgesamt sind keine einschneidenden Ereignisse da. Ich verstehe das nur alles irgendwie nicht mehr. Kann man sich in seinem eigenen Leben verlieren?"

„Seit einiger Zeit gehe ich wie ein Fremder durch mein Leben. Es ist ein Gefühl, als hätte ich damit nichts mehr zu tun, als wäre ich ein Besucher oder Beobachter in einem irgendwie unbekannten Land."

„Ich habe einen ausgefüllten Alltag von morgens bis abends, wichtige Termine, Besprechungen, Arbeitsessen. Meine Meinung ist durchaus gefragt. Aber seit einiger Zeit interessiert mich das alles nicht mehr. Da ist mehr so eine Leere, die nicht durch all das ausgefüllt werden kann."

„Meine Familie liebe ich sehr und ich versorge alle, kümmere mich um alles, wie immer eben. Jeder verlässt sich da auch auf mich, und ich sah auch viele Jahre meine Erfüllung und meinen Lebenssinn darin. So nach und nach spüre ich aber, wie mich mein Gefühl verlässt, wie ich alles mehr mechanisch mache. Ich kümmere mich auch weiter, nur fehlt da irgendwie die Wärme, dieses tiefe Bedürfnis. Ich erlebe mich nicht mehr in der Familie, irgendwie fühle ich mich abgeschnitten von allen und allem."

„Mein Garten ist mir immer sehr wichtig gewesen und ich genieße es, wenn alles grünt und blüht, wenn die Beete sauber sind und der Rasen frisch gemäht. Aber jetzt nehme ich das kaum noch wahr, sitze auf meiner Bank und frage mich, was ich da früher wohl gespürt haben mag. Da ist nichts mehr. Mein Garten und ich haben die Verbindung zueinander verloren, ohne dass ich es bemerkt hätte, als es begann. Da fehlt etwas.“

„Alles, was ich mache, geschieht jetzt, also keine aktive Gestaltung, mehr so roboterhaft, mechanisch.“

„Ich kann gar nicht so genau sagen, wie lange das schon so geht, aber ich habe seit einiger Zeit das Gefühl, als schwämme ich nur noch, paddle ums Überleben. Eine Richtung gibt es da nicht mehr, nur noch das Schaffen oder Nicht-Schaffen.“

„Mein Alltag besteht nur noch aus dem Erfüllen von Vorschriften oder dem Einhalten von Vorgaben. Ständig fühle ich mich unter Kontrolle und habe unentwegt Angst, Fehler zu machen, eine Vorschrift zu missachten oder irgendwem nicht gerecht zu werden, selbst einfachste Vorgänge werden mir zur Qual. Mein Leben besteht nur noch aus Druck, auch zu Hause. Ich kann nicht mehr abschalten und komme aus dem Karussell nicht mehr heraus, es dreht sich immer schneller, aber aussteigen kann ich nicht, und anhalten kann ich es auch nicht. Es gibt keine Ruhe und keinerlei Besinnung mehr.“

„Alles wird immer schneller, nichts hat mehr Bestand. Woran soll ich mich denn noch orientieren? Was gestern nichtig war, ist heute von Belang. Was heute noch richtig ist, ist vielleicht morgen falsch. Ständig muss ich mich in neue Programme einarbeiten. Ich bestimme in meinem Leben kaum noch etwas, alles kommt von außen, alles ist flüchtig, festhalten kann man nichts. Wo ist da der Sinn?"

„Früher war das alles anders. Man hat bei einer Firma gearbeitet und da blieb man dann auch sein Leben lang. Schon mein Vater hat bei Daimler geschafft. Wir hielten zusammen wie eine Familie und auch die Bosse haben mitgefeiert, wenn es etwas zu feiern gab. Heute kennt doch niemand mehr irgendwen. Die Firma ist längst ein „Global Player" und irgendwo bestimmt irgendwer über unsere Arbeitsplätze, obwohl der vielleicht weder uns noch die Firma kennt. Ich habe den Bezug zu meiner Arbeit verloren und leiste nur noch meine Schicht – und gut ist! Spaß macht das so schon lange nicht mehr und ich wünsche mir oft die alten Zeiten zurück."

„Mit den Kindern heute im Unterricht zu arbeiten, bereitet mir keinen Spaß mehr. Es ist unglaublich, wie abgelenkt sie sind. Kaum einer kann sich noch mehr als drei Minuten konzentrieren, ständig springen sie hin und her, sind unruhig und fahrig. Da fehlt jede Bodenständigkeit. Man hat das Gefühl, sie sind unentwegt auf der Suche nach Grenzen, nach etwas, das ihnen Halt und Sicherheit gibt, und sie finden es aber nicht."

„Mich hat eine tiefe Müdigkeit erfasst. Warum mache ich das alles noch? Niemand interessiert sich noch für das, was ich tue, Inhalte spielen keine Rolle mehr. Ich fühle mich dabei miserabel und versuche dann wenigstens zu Hause an etwas anderes zu denken – oder es gibt ein, zwei Bier und ich lenke mich dann mit dem Fernseher ab. Erholung ist das aber nicht und auch nach einem arbeitsfreien Wochenende bin ich ausgelaugt und wie erschlagen. So kann das irgendwie nicht mehr weitergehen."

„Ob ich noch Freude am Leben habe? Fragen Sie mich lieber etwas anderes, denn ich kann mich kaum noch daran erinnern, was Lebensfreude ist. Dabei bin ich eigentlich gesund, jedenfalls organisch gesehen, wie mein Arzt mir immer versichert. Aber fühlen tue ich mich lustlos, esse nicht mehr mit Genuss, selbst am Sex mit meiner Frau habe ich den Spaß verloren. Dabei gibt es für all das eigentlich keinen Grund, denn uns geht es sonst doch gut. Das macht mich ziemlich ratlos. Aber woran liegt das nur?"

# ENTFREMDUNGS-
## HINTERGRÜNDE

### FAMILIE

Das System Familie ist zu allen Zeiten Wandlungen unterworfen gewesen (Reich, 2004). Und in diesem Sinne war Familie nie ein stabiles Gebilde. Die Scheidungsraten sind in heutiger Zeit aber im städtischen Bereich auf über 50 % gestiegen, wohingegen in ländlichen Gebieten immerhin 35 % der Eheschließungen Bestand haben. Dennoch wächst die große Mehrzahl der Kinder bis zum 18. Lebensjahr bei seinen leiblichen Eltern auf.

Eine Rollenverteilung mit strenger Trennung von Arbeit und Familie ist heutzutage nicht mehr gegeben. In vielen Familien sind inzwischen beide Elternteile berufstätig. Das kann aus finanziellen Gründen unumgänglich sein, weil ein Gehalt allein zum Unterhalt der Familie nicht mehr ausreicht. Es kann auch den Bedürfnissen nach Selbstverwirklichung oder dem beruflichen Ehrgeiz und dem Wunsch nach Selbstständigkeit entspringen.

Der Familienrhythmus wird zunehmend vom Arbeitsrhythmus mit beeinflusst und bestimmt. Oft wird örtliche Flexibilität vorausgesetzt, sodass Umzüge oder längere Abwesenheit eines Partners von der Familie die Folge sind. So hat zwar der Arbeitsrhythmus schon immer teilweise die Familie beeinflusst, im Zuge der Globalisierung und Anonymisierung allerdings ist in den letzten Jahrzehnten dieser Einfluss zunehmend stärker und durch länderübergreifende Arbeitseinsätze für die Familie oft nicht mehr durch Umzug oder Wochenendbesuche kompensierbar. In sehr vielen Firmen zählen Unabhängigkeit vom Wohnsitz und uneingeschränkte Flexibilität beim Einsatz in anderen Ländern zum Standard bei der Besetzung eines Arbeitsplatzes.

Die Doppelbelastung von Familie und Beruf führt zu einer Einengung der persönlichen Freiräume und zu weniger Aufmerksamkeit für die eigenen Wünsche und Bedürfnisse. Es wird ein hohes Maß an persönlicher Flexibilität für den ständigen Rollenwechsel erforderlich, die Zeit und Fokussierung erfordert.

Innerhalb der Familien finden gemeinsame Mahlzeiten als Möglichkeit täglicher Begegnung und regelmäßigen Austausches nur noch selten statt. Jeder hat für sich seine eigenen Zeitgrenzen, um sich mit Nahrung zu versorgen. Die Familie als sicherer Hort für Geborgenheit, Beständigkeit und Kontinuität steht so nicht mehr zur Verfügung.

Kinder werden häufig in einem sehr frühen Lebensalter von den festen Bezugspersonen Mutter und Vater in den Bereich der Tagesstätten oder zu Tagesmüttern gegeben. Statistische Angaben belegen, dass sich 28 % aller Kinder unter 3 Jahren in einer solchen Einrichtung befinden. Diese Bedingungen lassen nur sehr eingeschränkt Raum und Zeit, um sich selbst wahrzunehmen.

## ARBEIT

Die Arbeitsbedingungen von heute unterscheiden sich in signifikanter Weise von denen früherer Jahrzehnte. Sie haben durch den Wandel von der Industrie- zur vernetzten Informations- und Dienstleistungsgesellschaft deutliche Veränderungen erfahren. In jedem Arbeitsbereich wird ständige Wissenserweiterung erwartet. Ehemals getrennte Arbeitsbereiche werden zusammengeführt. So erwartet man etwa von Bankangestellten, deren Tätigkeit am Schalter sich auf die direkte Betreuung der Kunden beschränkte heute ganz selbstverständlich, dass sie deren Konten ständig im Blickfeld haben, um dann eine entsprechende Anlageberatung selbstständig durchzuführen, wofür vorher eine andere Abteilung zuständig gewesen war. In Verbindung mit der Globalisierung werden starre Arbeitsstrukturen aufgelöst, örtliche und inhaltliche Flexibilität wird gefordert (Bullinger, 2001). Oft muss von den selben Arbeitnehmern an unterschiedlichen Arbeitsplätzen mit unterschiedlichen Aufgaben gearbeitet werden. Ständige Neuerungen und Erweiterungen machen stete Weiterbildung unabdingbar.

An Stelle der Einzelarbeitsplätze treten immer mehr Teams, sodass neue und weitere kommunikative Kompetenzen erforderlich werden. Diese Tendenz zur Wissensintensivierung hat erhebliche psychische Belastungen zur Folge (Ganz/Hermann, 2000).

Die persönliche Anbindung an einen Betrieb und die Identifikation mit diesem Arbeitsplatz – „Ich schaffe bei Daimler" – ist kaum noch möglich. Bei „Global Playern" ist kaum noch überschaubar, wem welcher Betrieb gehört.

Erfolgreiche Arbeit allein ist keine Garantie und keine Grundlage mehr für einen sicheren Arbeitsplatz. Vor einiger Zeit entließ ein bekannter Autohersteller trotz seiner Gewinne in Milliardenhöhe einige Tausend Mitarbeiter, weil ein Konkurrenzunternehmen mit ähnlichem Hintergrund höhere Gewinne erzielte. Über das Wohl oder Wehe von Arbeitsplätzen entscheidet inzwischen immer seltener die eigene Firma vor Ort – es sind vielmehr Aktienkurse, die Höhe von Dividenden oder multinationale Interessen eines unbekannten Mutterkonzerns.

Für die innere Wahrnehmung eines arbeitenden Menschen, für seine eigenen Wünsche und Interessen, für die Identifikation mit der eigenen Arbeit und der Sinnhaftigkeit des eigenen Tuns bleibt dabei wenig Raum.

– Man entfremdet sich.

## MEDIEN

Unser Leben wird permanent von Medien beeinflusst. Printmedien verlieren dabei an Einfluss, während der Einfluss von digitalen Medien beständig zunimmt. Ob im Radio, TV oder am PC, ohne Unterlass bedrängt uns Werbung und es werden Informationen und virtuelle Wirklichkeiten angeboten, die unsere Wahrnehmung pausenlos beanspruchen.

Es gibt Untersuchungen, die belegen, dass Jugendliche im Durchschnitt etwa 7,5 Stunden täglich mit digitalen Medien verbringen.

Eine unfassbare und nicht zu bewältigende Flut von Informationen bricht so täglich über sie herein, eine Pause ist nicht vorhanden. Kaum jemandem gelingt es, hier eine inhaltliche Ordnung hineinzubringen oder die Informationen wirklich noch wahrzunehmen, meistens werden sie nur noch sortiert und abgelegt.

Und in erschreckender Weise führt das auch zum Multitasking, jenem Phänomen, das im Bedienen mehrerer Aufgaben und Beschäftigungen gleichzeitig definiert ist. Dabei nimmt ein Mensch Informationen dann nur noch an der Oberfläche und sehr flüchtig auf. Forschungsergebnisse besagen, dass es Menschen, die Multitasking betreiben, nach einiger Zeit immer schwerer fällt, sich auf einzelne Reize und Informationen dauerhaft zu konzentrieren. Ihr Gehirn ist ständig auf der Suche nach neuen Reizen, ohne dass Zeit bleiben würde, sich mit den gewonnenen Informationen in irgendeiner Weise noch auseinanderzusetzen, sie also auf irgendeine Art zu nutzen. In diesem Umfeld kommt es gehäuft zum Auftreten des Aufmerksamkeitsdefizit-Syndroms (ADHS).

Für die digitale Generation ist immer alles und sofort machbar, man hat sein Internet, für alles gibt es eine App, jederzeit ist alles erreichbar.

Das hat dann nur noch sehr wenig mit dem wirklichen Leben außerhalb der digitalen Welt zu tun. Dort, wo Geduld, Einsatz, Auseinandersetzung mit Inhalten und Aufgaben unabdingbar sind, wo man sich einlassen muss, wo Raum und Zeit unabdingbar sind, um angemessen zu agieren oder zu gestalten.

Einem solchen realen Leben sind dann viele nicht mehr gewachsen und ziehen sich immer mehr in die digitale Welt zurück. Internetsucht als Krankheitsbild ist seit längerer Zeit bekannt. Und was man durch schnellen und oberflächlichen Einsatz in der realen Welt nicht mehr bekommt, liefert dann als Ersatz das Internet.

Gerald Hüther (2012) hat das Ergebnis zusammengefasst so formuliert:

Durch die Mediendominanz und die immer geringer werdende gemeinsame Erfahrung entstehen junge Menschen, die sich in zwei Gruppen aufteilen: Die einen wollen mit der Gemeinschaft gar nichts mehr zu tun haben, die anderen hängen in klebrigen Beziehungen fest und müssen den ganzen Tag chatten, SMS schicken und auf Facebook sein. Leider tragen beide Gruppen wenig dazu bei, dass eine menschliche Gemeinschaft in einer gemeinsamen Anstrengung ihre Probleme löst und dabei über sich hinauswächst.

Eine Auseinandersetzung mit dem eigenen Ich, der eigenen Emotionalität, den eigenen Maßstäben und der inneren Wahrnehmung findet dann kaum noch oder gar nicht mehr statt. Irgendwie hat man kein Interesse mehr an sich.

## WERTEWANDEL

Der übergangslose und rasende Wandel in der Gesellschaft unserer Zeit hat zu einer tiefen Verunsicherung der Menschen geführt. Ständige Neuerungen und Veränderungen machen ihnen dabei zu schaffen. Im Kleinen wird das deutlich an den Zyklen der PC- und Notebook-Hardware. Galten noch vor Kurzem wenigstens zwei Jahre als angemessener Zeitraum für ein neues Modell, so werden die Geräte bei manchen Herstellern nun bereits nach einem halben Jahr umgesetzt. Kaum jemand kann dem noch folgen, und einen Sinn jenseits wirtschaftlicher Interessen macht es auch nicht wirklich.

Dahinter aber haben sich auch die bislang bekannten Werte auf der Gesellschaftsebene deutlich verändert. Die Bindung an die Familie bröckelt, die Bindung an soziale Strukturen lockert sich, Sportvereine und Feuerwehr haben rapide wachsende Nachwuchsprobleme. Die Kirche verliert kontinuierlich an Mitgliedern, und damit verlieren auch die von ihr vertretenen Thesen und Werte an Bedeutung. Historische oder literarische Vorbilder sind nur noch in Ausnahmen zu finden.

„Es ist schwer geworden, auf Dauer zu wissen, wer ‚Ich' bin, und zu wissen, als wer Ich wem gegenüber, auch mir selbst gegenüber, wie auftreten soll" schreibt Michael Mary in seinem Buch „Ab auf die Couch". Und: „Die moderne Psyche bildet die gesellschaftliche Komplexität in sich ab. Sie ist ebenso fragmentiert wie die Gesellschaft." (Mary, 2013).

Allerorten geht es in den Medien nur noch um Genuss, Spaß und Wohlergehen; statt sozialer Pflichten erobert der Anspruch auf materielles Wohlergehen durch die Leistung der Gesellschaft ohne eigenen Einsatz das Feld.

Immer mehr dominieren Zahlen diese Welt, Werte werden allein noch durch Rendite und Milliarden an Gewinnen bestimmt.

Daneben wird immer deutlicher, dass niemand mehr so recht weiß, wofür sich denn noch Einsatz lohnen könnte. Denn Spaß ist schnell vorbei, materielle Werte haben ein nahes Verfallsdatum und Krankheiten, Tod und Krieg, die gibt es weiterhin. Wozu also dienen all die Milliarden – und wem? Der Eigenwert des Geldes, an dem alles und jedes gemessen wird, erschließt sich auf den zweiten Blick nicht mehr. Zuverlässigkeit, Vertrauen, Ehrlichkeit und ein respektvoller Umgang miteinander kommen in diesem Kontext nicht mehr vor.

Dabei sehnen sich so viele Menschen auch danach, dass Wert und Inhalt nicht nahezu minütlich im Internet immer neu definiert, aufgehoben und erneuert werden, um die Aufmerksamkeit zu fesseln oder Gewinne zu erhöhen.

Und wie soll eine Gesellschaft überleben, die nur noch aus ich-bezogenen Individualisten besteht, denen gemeinschaftsorientiertes Denken fremd und ungewohnt geworden ist? Bei der Jagd nach ständig neuen Werten und der Erfüllung irgendwelcher Ansprüche mit dem Versprechen aus Spaß und Wohlfühlen vergisst man schnell, wer man denn selbst wohl ist. Der Bezug zum eigenen Ich beschränkt sich dann auf Lust und Spaß. Und das wird keinem Menschen mehr gerecht.

– Da fällt die Orientierung schwer.


## KOMMUNIKATION

Für die psychische und geistige Entwicklung sind soziale Kontakte für Menschen von grundlegender Bedeutung. Diese Kontakte ermöglichen es dem Menschen, mit anderen zu interagieren und Beziehungen einzugehen. Diese Entwicklung beginnt bereits im Säuglingsalter, wenn noch die Eltern die einzigen Bezugspersonen sind. Die weitere Entwicklung hängt dann von Situationen und Erlebnissen, von Kontakten und Beziehungen ab, die sich im Laufe des Lebens darstellen.

Auch die Wertigkeit der eigenen Person, das Selbstwertgefühl, entwickelt sich auf dieser Basis: durch Anerkennung und Akzeptanz, durch Kritik und Abgrenzung.

Die Wechselwirkungen im Umgang von Menschen miteinander sind außerordentlich komplex. Dabei spielen die sprachliche Kommunikation, die Körperhaltung, Gestik, Mimik und die

Stimmlage eine wesentliche Rolle. Erst die Gesamtheit aller Komponenten offenbart die soziale Kompetenz eines Menschen.

Menschen unter 40 Jahren kommunizieren zunehmend in digitalen Welten und die Altersgruppe darüber holt in diesen Bereichen ständig auf. Facebook vernetzt derweil 800 Millionen Mitglieder weltweit neben anderen Diensten wie Xing, StudiVZ oder Twitter.

Dort kann jeder jedem alles mitteilen, was gerade von Bedeutung erscheint. Die Bedeutung, die Mitglieder dieser Internet-Plattformen sich selbst dabei zuordnen, rechnet sich oft in der Zahl der eingetragenen „Freunde" bzw. „Kontakte", die allerdings mit Freundschaft wenig gemein haben, sondern sich auf eine absolut oberflächliche Ebene beschränken.

Es soll nicht übersehen werden, dass es auch Vorteile hat, über solche Netzwerke alte Schulfreunde wiederzufinden, mit ausgewanderten Freunden in Kontakt zu bleiben oder Informationen einzuholen.

Für das wirkliche Sozialverhalten außerhalb der virtuellen Welt und im realen Leben sind sie allerdings von geringem Nutzen und halten Menschen in hohem Maße eher davon ab, sich im Alltag mit anderen zu treffen, sich auszutauschen, Beziehungen aufzubauen oder Diskussionen zu führen. Auf diese virtuelle Weise kann soziale Kompetenz deshalb abgebaut, statt erweitert werden.

Die Soziologin Sherry Turkle hat in ihrem Buch „Verloren unter 1000 Freunden" in Bezug auf die allgegenwärtigen und verfügbaren Smartphones geschrieben: „Smartphones befriedigen drei Fantasien: dass wir uns immer sofort an jemanden wenden können, dass wir immer angehört werden, und dass wir nie allein sind." In einem Interview zu ihrem Buch wies sie auch auf die Konsequenzen solcher Fantasien hin: „Das Alleinsein ist zu einem Problem geworden. Was wir Langeweile nennen, ist wichtig für unsere Entwicklung. Es ist die Zeit der Imagination, in der man an nichts Bestimmtes denkt, seine Vorstellung wandern lässt."

Auch wenn man die virtuellen Kontakte durchaus kontrovers beurteilen kann, so fehlen doch erhebliche Momente, in denen man sich selbst erfährt und seine innere Wahrnehmung nutzen kann. Unsicherheit tritt dann neben anderen Gefühlen auf, die eine Orientierung an den eigenen inneren Maßstäben erschweren.
– Man hat deutlich weniger *Kontakte zu sich selbst*, wenn man überwiegend virtuelle Kontakte pflegt.

## PATHOLOGISIERUNG

Die Ursachen sind nicht alle wirklich klar. Eine gewichtige Rolle spielt sicherlich der gesellschaftliche Trend, dass Leben primär Spaß zu machen habe, dass Leben auf Genuss ausgerichtet sei, und dass man die Leichtigkeit des Seins täglich in allen Bereichen des Alltags spüren müsse.

Von großer Bedeutung ist sicher auch die Pharmaindustrie, die immer mehr und immer geringere Abweichungen von einer

Norm als „ungesund" propagiert, um von einer Normalität mit großer Streubreite in immer engere Grenzen und Definitionen von Pathologie zu gelangen. Denn was *krank* ist, muss schließlich behandelt werden. Und da ja alles, was heute gesund ist, morgen schon krank sein könnte, muss man das zeitig medikamentös behandeln. Dabei wird vergessen, dass eine Norm nur das Mittelmaß einer Anzahl erhobener Daten darstellt – und das kann keinesfalls das Maß *aller* Dinge und Werte sein.

➡ Ein Beispiel dafür ist der Bluthochdruck. Früher galt als Definition der WHO der Wert für normalen Blutdruck: 100 mm Hg plus Alter im systolischen (oberen) Bereich und bis 95 mm Hg im diastolischen (unteren) Bereich. Das hieß z. B. für einen 55-Jährigen: 95 mm Hg/155 mm Hg = normaler Blutdruck.

Heute wird dieser Wert angesiedelt bei: 135 mm Hg im systolischen (oberen) Bereich und 85 mm Hg im diastolischen (unteren) Bereich. Jeder darüber liegende Wert wird nun als Hochdruck definiert. Das bedeutet heute für den gleichen 55-Jährigen nun: 95 mm Hg/155 mm Hg = Bluthochdruck!

Damit aber nicht genug. Gelangt man in die Nähe dieser Werte, also z. B. 130 mm Hg/80 mm Hg, müsse man gleichsam von einem „Vor-Hochdruck" ausgehen und diesen natürlich auch behandeln. So werden immer neue Patienten und damit auch zahlungskräftige Kunden für die Pharmaindustrie kreiert.

Auf diese Art bringt jede Normveränderung, verschoben in den Bereich der Pathologie, Millionen neue Kunden für die Industrie. Über solche Normwert-Veränderungen kann man in sehr vielen Bereichen kritisch diskutieren.

Das gilt in gleicher Weise auch für das *seelische Befinden*. Hier treffen sich die Interessen der Krankenkassen mit jenen der Industrie. Und es wird versucht, über ein „Qualitätsmanagement", entlehnt aus der Autoindustrie, verbindliche Richtwerte zu schaffen. Die Krankenkassen möchten konstruierte, standardisierte Diagnosekriterien, denn sie wollen darüber standardisierte Behandlungsmethoden vorgeben. Damit messen sie lebendige Menschen an konstruierten Modellen.

In der Konsequenz wird festgelegt, welche Medikamente bei welcher Erkrankung jeweils standardisiert einzusetzen sind.

Fatal ist dabei, dass sich Menschen wie behandelnde Ärzte diesem irrwitzigen Diktat beugen müssen, um die Kosten für eine Behandlung erstattet zu bekommen. Dabei wird zwanghaft versucht, in enge Kästen zu zwängen, was nicht in Kästen zu zwängen ist: die menschliche Psyche mit all ihren unbegrenzten Facetten und Erscheinungsformen.

Dafür gibt es ein weltweit gültiges Standardwerk: die **internationale Klassifikation für Krankheiten**, den ICD-10-Code.

Dort ist bis ins Detail festgelegt, was als „krank" definiert wird. Eine solche Einengung des menschlichen Seelenzustandes führt oft zu grotesken Erscheinungen:

Wer im Beruf gemobbt wird und sich aus diesen Gründen elend, matt oder traurig fühlt, wird als reaktiv depressiv definiert. Er ist also krank. Dabei zeigt ihm sein seelisches Befinden völlig normal an: Du fühlst dich nicht gut, ändere etwas an deinen Arbeitsbedingungen. Suche nach Veränderungen. Das ist gesund und normal und keinesfalls krank.

Wenn sich eine Beziehung auflöst und sich ein Partner von dem anderen trennt, dann ist das ein sehr trauriges Ereignis, bei dem man sich von einem Lebenstraum oder einer großen Liebe verabschieden muss. Das ist ein schmerzhafter Prozess, den man angemessen verarbeiten muss. Auch hier winkt aber sofort die Diagnose: Depression! Und wieder wird man für krank erklärt.

In allen Fällen bedeutet „krank" dann immer: „Hier ist eine Pille, die dir weiterhilft." Der Nachteil ist nur, dass man sich zwar nach deren Einnahme oberflächlich besser fühlt, sich dadurch aber am Problem nichts ändert. Statt sich Zeit zu nehmen für die Wahrnehmung der eigenen inneren Orientierung und der eigenen Gefühle, dient man den Interessen der Pharmaindustrie und schluckt Pillen, die überhaupt nicht nötig sind, sondern Lösungen nur blockieren.

➡ Ein recht markantes Beispiel dafür ist ein Trauerfall. Beim Tod eines Verwandten oder eines anderen nahestehenden Menschen fühlt man sich erbärmlich, trostlos, ratlos, manchmal wütend. So ist nun einmal Trauer, wie sie unabdingbar zum Leben gehört, und niemand kann sich solchen Verlusten entziehen. In diesem Zustand sucht man dann häufig einen Arzt oder einen Psychiater auf. Dieser verschreibt sehr oft ein Antidepressivum oder einen Tranquilizer, der zur Linderung des Schmerzes gedacht ist. Danach fühlt man sich für eine kurze Zeit ein wenig besser.

Nach zwei Wochen, wenn man wieder zum Arzt geht, fühlt man sich immer noch nicht gut, aber eben doch ein wenig besser. Die Folge ist, dass Tabletten weiter verordnet werden, vielleicht nun vier Wochen lang. Bei der nächsten Konsultation regt der Arzt vielleicht an, die Tabletten abzusetzen: „Versuchen Sie es doch einmal ohne die Tablette ..." Als Folge davon verschlechtert sich der seelische Zustand des Patienten wieder.

Das ist auch nicht verwunderlich, denn der Patient hat die Trauerarbeit, die im menschlichen Leben irgendwann unvermeidbar ist, nicht geleistet, die Tablette gaukelte ihm ja Besserung seines Befindens vor. Spürte er von Zeit zu Zeit in sich hinein, konnte er nicht viel Trauer wahrnehmen, denn er war ja medikamentös gedämpft. Die Trauer konnte auf diese Weise aber nicht abgebaut werden, sondern wurde unverarbeitet und deshalb dauerhaft im inneren Archiv gespeichert.

In der Konsequenz setzt der Arzt beim nächsten Besuch das Mittel wieder an: „Das werden Sie nun dann doch wohl längere Zeit einnehmen müssen." Und schon wird aus einer völlig normalen Trauerreaktion, die innere Arbeit und Zuwendung erfordert, um den Verlust aktiv zu verschmerzen und zu beweinen, eine Depression. Sie begleitet fortan den Patienten in seiner Diagnose und in seinem Befinden.

In der Medizin nennt man das eine „iatrogene Depression": eine von außen ausgelöste und erzeugte Depression.

Für den Patienten hat sich etwas verändert: Eine völlig normale Reaktion, die Trauer über den Verlust eines lieben Menschen, wurde pathologisiert – sie wurde zur Krankheit erhoben. Diese Krankheit trägt einen Namen: Depression.

Hat die ICD-Klassifikation noch vor kurzer Zeit den Menschen im Trauerfall eines Angehörigen eine Frist von 2 Jahren eingeräumt, und erst danach bei Weiterbestehen der psychischen Reaktionen von einer behandlungsbedürftigen Depression gesprochen, so billigt ihnen die aktuelle ICD-Klassifikation nur noch drei Monate für die Trauerarbeit zu. Danach werden diese Menschen als depressiv diagnostiziert.
Wie und warum mag eine solche Änderung entstanden sein?

Trauernde Menschen bekommen auf diese Weise nicht wirklich die Möglichkeit, sich selbst nah zu sein, ihre Gefühle zu spüren und zu ordnen, sich innerlich zu verabschieden und so wieder Klarheit und Sicherheit zu finden.

Ob Trauer, Verlust, Trennung oder Mobbing am Arbeitsplatz: An erster Stelle steht immer die innere und äußere Arbeit, die zu leisten ist, um solche Erlebnisse oder Schicksalsschläge zu bewältigen und zu verarbeiten. Erst im Anschluss daran können Menschen wieder Wohlbefinden und Lebensfreude spüren. Dabei dient die innere Wahrnehmung der stimmigen und authentischen Orientierung, woran man wo und wann arbeiten muss, womit man sich auseinandersetzen muss, wovon man sich verabschieden muss oder was man sich „besorgen" muss. Das kann zum Beispiel Lebensfreude sein, die man aus dem eigenen Bereich schöpfen kann. Oder es kann sich um einen Ausgleich handeln, den es aufzubauen gilt.

Psychopharmaka verändern nachhaltig und in einer schlecht vorhersehbaren Richtung diese Orientierung, weil Stimmung und Wahrnehmung verändert werden.

Werden sie in den oben aufgezählten Situationen eingesetzt, sind sie so gut wie nie von Nutzen, sie schaden dafür aber sehr. Denn auf dem Fundament einer verfremdeten Wahrnehmung, die durch Ereignisse wie einen Trauerfall ohnehin verändert ist, kann eine Re-Orientierung kaum noch gelingen. Die Wahrnehmung wird durch tragische Ereignisse verändert, und durch die Einnahme von Psychopharmaka werden diese Gefühle weiter verfremdet.
– Das dient der Industrie, hält den Menschen aber krank.

Betrachtet man die Umsatzzahlen von Psychopharmaka, so zeigte sich in den letzten Jahren allein bei einem einzigen Mittel gegen das sogenannte ADHS bei Kindern ein Anstieg der Verordnung um 100 %. Die Nebenwirkungen dieser Substanz sind dabei ausufernd und die Veränderungen, die sie bei Kindern auslösen, ebenso.

Nach Untersuchungen der Techniker Krankenkasse aus dem Jahre 2010 hat sich die Verordnung von Antidepressiva im Bereich von 2006 bis 2009 um 33 % erhöht. Dabei hat sich nach jüngsten Untersuchungen in den USA gezeigt, dass die Selbstmordrate unter Antidepressiva um 30 % höher war als ohne eine solche Verordnung.

Zusätzlich wird die Wirkung einer der am häufigsten verordneten Substanzen (Prozac) gerade grundsätzlich infrage gestellt, und Bedenken kommen immer mehr zum Tragen, die bereits bei Einführung der Substanz von kompetenter Seite geäußert worden sind. Offenbar wirkt die Modedroge aus den USA, die auch in Europa einen breiten Marktanteil belegt, überhaupt nicht antidepressiv.

Trotz dieser Untersuchungsergebnisse sind nach Umfragen „73 % der Psychiater weiterhin von der Wirksamkeit der Droge überzeugt"(ZEIT online). Seltsam ist das.

Ohne Frage gibt es berechtigte Einsatzgebiete für Psychopharmaka. Die absolute Anzahl der Verordnungen und der stete Anstieg in kaum nachvollziehbare Umsatzbereiche legt aber sehr nahe, dass in einer Vielzahl der Behandlungen und Verordnungen eine „iatrogene Pathologisierung" stattfindet, und dass die betroffenen Menschen davon abgehalten werden, ihre Probleme und Spannungsfelder zu bearbeiten und zu lösen.

Derweil wird bereits daran geforscht, unangenehme Erinnerungen per Pille erträglicher zu machen oder gar vollständig zu löschen. Im Bereich des Militärs befindet sich das bereits in der Erprobungsphase. Nach den Erfahrungen zahlloser Kriege von Vietnam bis Afghanistan und den entsetzlichen emotionalen Veränderungen bei den beteiligten Soldaten in blutigen Straßenkämpfen und vernichtenden Bombenangriffen wird nun versucht, ein Medikament zur Anwendung zu bringen, das diese stark belastenden Gefühle künftig unterdrücken oder gar nicht erst aufkommen lassen soll. Das Ziel lautet hier: eine gezielte Entmenschlichung und die absolute Abkopplung vom eigenen Sein. Die Entfremdung vom eigenen Ich wird so von außen sehr wirkungsvoll betrieben.

## WERBUNG

Es ist gleichgültig, ob man einen Supermarkt betritt oder beim Friseur sitzt: Ohne Unterlass findet eine Schallberieselung statt mit einer Mischung aus Musik, Reklame, banalem Geschwätz und Aufforderungen, irgendwo anzurufen oder etwas anzuklicken.

Ständig wird versucht, die Aufmerksamkeit des Menschen von der Wahrnehmung seiner eigenen Person abzulenken und sie hinzuführen zu einem vorgegaukelten Wohlbefinden, das sich sogleich nach dem Genuss eines zu kaufenden Gegenstandes oder einer Speise einstellen soll. Auch in diesen Bereichen wird suggeriert, Wohlbefinden, Genuss ohne Reue und Glücklichsein wäre sehr einfach zu erlangen, nämlich käuflich zu haben und jedermann zugänglich. Und alle diese Empfindungen würden automatisch in uns ausgelöst.

Das gilt dann etwa für ein bekanntes Speiseeis am Stil mit Schokoladenüberzug. Bereits beim Auspacken und Betrachten durchziehen erste wohlige Schauer den Körper. Dann führt man das Eis in den Mund, führt es gleichsam genüsslich ein und ist voller Erwartung – die Schokoladenschicht zersplittert, das weiße Eis im Inneren wird frei und zarter Schmelz ergießt sich auf der Zunge, hohe Wellen aus Lust und Ekstase brechen nun über die glückliche Person, die das Eis genießt, herein! Was für ein Gefühl!

Probieren Sie ein solches Eis einmal in Wirklichkeit: Es ist süß und kalt, schmeckt sicher auch ganz gut, aber mehr nun auch wirklich nicht.

Welch ein Betrug, was für ein Fehlversprechen. Aber die Aufmerksamkeit wurde gefesselt durch werbende Bilder, Verlockungen aus der Virtualität. Was bleibt, ist die Enttäuschung oder auch das Gefühl, versagt zu haben, weil man all das Versprochene eben nicht verspüren konnte.

Auch wenn Sie das Fernsehgerät einschalten und sich auf eine Sendung freuen: Spätestens nach einer Viertelstunde werden Sie akustisch und visuell von einem Werbeblock angefallen, der verschiedene Bedürfnisse in Ihnen wecken soll. Meistens wird dabei versteckt oder offen an Urwünsche wie Geborgenheit, Liebe oder sexuelle Bedürfnisse appelliert. Und immer wird deren Erfüllung gekoppelt an den Erwerb irgendeines Produktes.

Ausnahmslos sind diese Versprechen Lügen und erfüllen sich nie.

Durch diese Art der Werbung werden Sie von Ihren wirklichen Bedürfnissen abgelenkt, wird der Kontakt zu Ihrer eigenen Mitte unterbrochen, und Sie verlieren für einige Zeit die Wirklichkeit und die realen Bezüge aus den Augen. Dieser Vorgang wiederholt sich sehr oft am Tag, jeden Tag, und immer wieder, überall.

Der Mensch und seine Wahrnehmung als Spielball der Werbung: weg von der eigenen Wahrnehmung und hin zum Produkt, das Glück verspricht! Diesen Einflüssen sind wir alle in einer Weise ausgesetzt, die „Fluchtversuche" nahezu unmöglich machen.

## GEBALLTE ENTFREMDUNG

Nicht alle Menschen sind den Einflüssen, die beispielhaft angeführt wurden, in gleichem Umfang ausgesetzt. Dennoch wirken sie täglich auf uns alle ein, in mehr oder weniger deutlicher Ausprägung:

Im Beruf erlebt man sich sehr oft als Getriebener, der immer neuen Vorschriften, immer neuen Verordnungen, ständig upgedateten PC-Programmen, kaum mehr durchschaubaren Anforderungsprofilen ausgesetzt ist. Dadurch entfernt man sich immer weiter von wirklicher Sinnhaftigkeit bei der Arbeit, die nachvollziehbar wäre. Die Folge ist eine Entfremdung vom eigenen Tun.

In der Familie findet man nicht selten einen Partner vor, der eben diesen Bedingungen ähnlich ausgeliefert ist. Zeit füreinander und zum Ausgleich bleibt da kaum. Die Aufgabenverteilung – hier Broterwerb, dort häusliche Versorgung – ist längst aufgehoben und oft aus wirtschaftlichen Gründen auch gar nicht mehr möglich. Liebevolle Fürsorge, Ausgleich durch Ruhe und Geborgenheit, Räume für gemeinsame Aktivitäten werden stetig enger.

Zur Zeitersparnis, und weil es Zeitgeist und Werbung irgendwie erfordern, werden soziale Kontakte immer mehr auf eine virtuelle Ebene verlagert. Und statt zweier wirklich guter Freunde weist Facebook nun derer über hundert aus. War diese Plattform anfänglich ein Tummelplatz für Jugendliche und Kinder, so ist derweil der Altersdurchschnitt der öffentlich so mitteilungsfreudigen Facebook-Anhänger bei einem Durchschnitt von 40,6 Jahren angekommen.

Die Gesellschaft und das Leben werden zu einem einzigen, riesigen Spaßpotenzial erhoben. Arbeit, Anstrengung, Mühsal und Einsatz werden ausgeblendet, man meidet sie öffentlich fast panisch. Damit wird man menschlichem Leben aber wirklich nicht gerecht. In Umkehrung der Wirklichkeit werden alle unliebsamen Gefühle ausgeblendet und pathologisiert: Ein Mensch ist nun krank, wenn er noch Gefühle wie Trauer, Schmerz, Verzweiflung, Ratlosigkeit oder den Verlust von Orientierung bemerkt und dies auch beklagt. Tabletten sollen diesen Zustand dann wieder geraderücken. Der passende Begriff dafür ist „Perversion", gänzliche Umkehrung der menschlichen Realitäten.

In der Summe sind das Einflüsse, die sich kaum verkraften lassen. Sie erfordern Zeit, binden Aufmerksamkeit, lenken ab, erzeugen Fremdbedürfnisse, statt eigene Wünsche zu entwickeln, verfälschen klare Linien, verschütten Wege zum eigenen Ich, drängen die innere Wahrnehmung als Maßstab des eigenen Tuns von der „Entscheidungszentrale" in marginale Bereiche des täglichen Seins.

Das führt mit der Zeit nahezu zwangsweise in den Verlust der Orientierung: Man wird sich fremd und rast nur noch fremden Ansprüchen hinterher.

Oder man koppelt sich von der Gefühlsebene vollständig ab und nimmt sich emotional schließlich gar nicht mehr wahr.

Das mag unbewusst zunächst als wirksamer Schutz gedacht sein, verstärkt aber die Verfremdung immer mehr:
– Das Lost-Sense-Syndrom schleicht sich ein.

Anne Habermehl formuliert das in ihrem Buch „Luft aus Stein" so: „Wir Heutigen sind die Invaliden eines inneren Krieges, Invaliden des Selbstverlustes – so wie andere ihre Beine verlieren oder Arme, haben wir uns selbst verloren." (Habermehl, 2013)

## DIE INNERE WAHRNEHMUNG

„Wie wir uns – als Individuum – erfinden" (von Foerster, von Glasersfeld) hängt zu einem wesentlichen Teil davon ab, wie wir uns wahrnehmen.

Wenn wir uns in einem solchen Sinne kennenlernen möchten, gibt es zahlreiche Möglichkeiten, sich zu entdecken.

Es gab eine Zeit, in der ein Mensch sich selbst entdeckte oder wahrgenommen hat durch bloßes Denken. „Cogito ergo sum" (René Descartes, 1596 – 1650) lautete die Devise: „Ich denke, also bin ich." Sinnhaftigkeit musste einem solchen Denken zugrunde liegen, von fließenden, freien Gedanken war dort nicht die Rede.

Dafür gab es im Mittelalter zunächst nur einen sehr kleinen Raum.

Denn man wurde in seinen Stand hineingeboren. Das soziale System war klar und übersichtlich geordnet. Beherrscht von Feudalherren, Lehnsmännern, Fürsten und kirchlichen Machtstrukturen diente das fremdbestimmte Leben der meisten Menschen nur einem Zweck: Diese Feudalstrukturen zu erhalten und den Wohlstand der wenigen zu mehren oder deren Macht zu sichern. Da blieb nur ein sehr kleiner Spielraum, überhaupt den eigenen Lebensunterhalt zu erarbeiten. Handeln, Tun und Denken waren so zwangsweise auf den minimalen Unterhalt der eigenen Existenz gerichtet. Für Gedanken um das eigene Sein oder Gefühle zu inneren Lebenshintergründen gab es einfach keinen Raum. Außerdem wurden aufkommende Tendenzen dieser Art bereits im Keim erstickt und oft mit dem Tode bestraft.

Im frühneuzeitlichen Rationalismus entdeckte sich ein Mensch selbst oder wurde wahrgenommen durch das bloße Denken, „Cogito ergo sum" (René Descartes, 1596 – 1650) lautete die

Devise: „Ich denke, also bin ich." Sinnhaftigkeit musste einem solchen Denken zugrunde liegen, von fließenden, freien Gedanken war dort nicht die Rede.

Erst im romantischen Zeitalter trat dann eine Wende ein: Das Individuum wurde entdeckt. Fortan stand die Entdeckung der eigenen Gefühle im Mittelpunkt: in Worten, in der Malerei und Architektur bemühte man sich, ihnen Raum und Ausdruck zu verschaffen. Ein Überschwang war dann nicht selten auch die Folge, eine Berauschtheit bis dahin unterdrückter und nun entfesselter innerer Wahrnehmung. Den Gefühlen maß man nun einen eigenständigen Wert zu, der ungefiltert nach Darstellung suchte. Man verlor sich oft in ihnen und gab sich ihnen hin.

Neuere Denkansätze gehen davon aus, dass wir nur in einem kommunikativen Sinne als Individuen von Bedeutung sind. Wir leben ja in zahlreichen Bezugssystemen: berufliches Umfeld, Freundeskreis, gesetzliche Vorgaben für Verhaltensweisen, soziale Bedeutungen. Und innerhalb dieser Systeme macht die jeweilige Rolle, die wir darin spielen, uns gleichsam aus. Es ist also ohne Belang, wie wir uns dabei und in diesem System fühlen, sondern es ist allein von Bedeutung, wie wir von unseren Kommunikationspartnern in diesem Rahmen jeweils wahrgenommen werden. Oft sind diese Bezugssysteme so zahlreich und miteinander verwoben, dass wir dabei vergessen, wer wir sind und uns auch selbst nur noch als Kommunikationselemente erleben und deren Anforderungen gerecht zu werden suchen.

Die Reihe der philosophischen, soziologischen oder auf andere Grundannahmen ausgerichteten Erklärungsmodelle ließe sich beliebig erweitern und fortsetzen.

Und nicht nur deshalb braucht es Mut, sich für einige Zeit von allen Konstruktionen dieser Art zu trennen, sich von Theorien und Postulaten frei zu machen, die Wahrnehmung der eigenen Existenz und ihrer Sinnhaftigkeit oder Berechtigung nicht an eine Bestätigung oder Rechtfertigung fremder Konstrukte - gleichsam als Absolution - zu koppeln.

## MUTIG ZU DEN EIGENEN WURZELN ZURÜCK

Werfen wir einmal den Ballast ab und nehmen wir uns die ungeheuerliche Freiheit, zu den Wurzeln des eigenen *Ich* zurückzukommen: zu uns!

- Was lösen solche Gedanken bei Ihnen aus?
- Befremden?
- Unbehagen?
- Angst oder gar Panik?
- Neugierde?
- Fluchtbedürfnisse?
- Ratlosigkeit?
- Lösen sich Fesseln?
- Können Sie Freiheit erahnen?
- Werden Energien freigesetzt?
- Treten Sie einen Schritt vor oder lieber zwei zurück?

Und mit diesen Fragen sind wir bereits mitten im Thema, sind wir bereits elementar „bei uns" und unserem inneren Erleben, der Wahrnehmung unseres Seins. Wir spüren, wie und was wir empfinden, wie unsere innere Stellungnahme ist: Mit diesen Fragen *sind* wir.

Denn wie könnten wir uns anders wahrnehmen als auf dem Wege der eigenen, inneren Wahrnehmung? Welche Bedeutung wir für unser Umfeld haben, welche Einflüsse von uns auf andere oder von anderen auf uns ausgehen, und wie sich das dann auswirkt, das steht auf einem ganz anderen Blatt.

An erster Stelle kann nur die Frage stehen: Wie empfinden wir uns, wie nehmen wir uns wahr? Was macht uns an eben dieser Stelle aus?

Was könnten wir uns anderes sein als ein eigenes Gefühl? Niemand außer uns selbst kann diese Wahrnehmung in Anspruch nehmen, niemand kann sie teilen, niemand kann diese Identität, unsere Identität, auf dieser Ebene sonst noch einnehmen. Selbst wenn wir uns noch so sehr bemühen, unser Ich-Erleben anderen Menschen zu beschreiben und nahezubringen: Andere können sich allenfalls ein Bild – *ihr* Bild – davon machen, was wir ihnen anbieten. Aber es wird niemals unserem Erleben, unserem Gefühl gleich sein können. Denn jeder erlebt ja alles nur vor seinem ureigenen Lebenshintergrund, der niemals irgendeinem anderen genau gleicht, auch wenn er noch so ähnlich scheint.

Es ist unmöglich, Gefühle wirklich zu beschreiben in einem Sinn, der sie dann verständlich macht. Denn Worte können eben nicht wirklich beschreiben, was man fühlen oder spüren kann. Selbst der Ort, an dem man sie erlebt oder wahrnehmen kann, ist bei jedem Menschen unterschiedlich. Häufig spricht man ja auch von „Bauchgefühlen", weil man sie diesem Areal besonders häufig zuordnet. Aber es ist ebenso möglich, solche Wahrnehmungen im emotionalen Bereich frei zu erleben, ohne sie einem Ort zuweisen zu können.

Häufig werden Vergleiche herangezogen, um deutlich zu machen, was man fühlt. Etwas „brennt wie Feuer" oder ist „kalt wie Eis", es fühlt sich an „wie abgestorben" oder man nimmt sich wahr als „am Boden zerstört".

Doch auch Bilder werden individuell eingesetzt, um im Vergleich einen Eindruck zu vermitteln, oder man beschreibt ähnliche, doch unterschiedliche Gefühle.

Auf dieser Ebene bleibt es immer, wenn es um die Vermittlung gefühlter Erlebnisse geht.

In den letzten Jahren gab es immer wieder Erklärungsmodelle, die versuchten, Gefühle als eine automatisch ablaufende Kette biochemischer Reaktionen darzustellen, denen man letztendlich ausgeliefert ist, die man nicht wirklich beeinflussen kann. Diese biochemischen Modelle werden allerdings bereits im Ansatz dem inneren Erleben nicht gerecht in seiner unbegrenzten Vielfalt und in seiner absoluten Individualität.

Gefühle, diese ganz besondere Art der menschlichen Wahrnehmung, werden mit zahlreichen Begriffen für bestimmte Bereiche versehen.

So spricht man von „Intuition" im Sinne einer „Ahnung", einem „inneren Wissen, dessen Quelle man nicht kennt". Oder man spricht davon, „ein Gefühl für etwas zu haben", wenn man über Ressourcen verfügt, die mit einer Fähigkeit verbunden sind, oder sagt dann auch „jemand hat ein Händchen dafür".

Menschen mit einer hohen „Sensibilität" werden auch als besonders *feinfühlig* bezeichnet. Womit dann gemeint ist, dass sie besonders differenziert und intensiv diese Wahrnehmung nutzen.

Man kann sich auch „krank fühlen", ohne dass bereits Symptome einer Erkrankung zu spüren sind, dann ist „innerlich etwas aus dem Lot geraten" und man fühlt sich eben „krank", bevor die Krankheit dann zum Ausbruch kommt.

Auch alle unsere Sinne (Sehen, Hören, Riechen, Tasten, Schmecken) werden mit Gefühlseindrücken gekoppelt.

Hier wäre es möglich, eine Aufteilung vorzunehmen: Sinneswahrnehmung auf der einen und gleichsam „freie", nicht an Sinnesorgane gekoppelte Gefühle, auf der anderen Seite.

Auf eine solche Unterteilung soll in diesem Kontext verzichtet werden. Denn es ist gänzlich ausgeschlossen, diese Differenzierung vorzunehmen. Niemand kann mit Bestimmtheit sagen, welche Informationen in ein Gefühl einfließen, weil die meisten von ihnen auf einer nicht bewussten Ebene ablaufen und dem Bewusstsein dadurch nicht zugänglich sind.

Gefühle haben einen sehr hohen Informationswert. Wollte man den Ausdruck, die Bedeutung, den Inhalt eines Gefühls in Worte fassen, benötigte man viel Zeit. Denn was man spürt, *ist* eben einfach da, und man nimmt diese Information, diesen Eindruck als Ganzes und wie in einem Kondensat wahr, das man zum Verständnis in Worte erst übersetzen muss. Aber nie haben dann Worte die gleiche Intensität, die gleiche Glaubwürdigkeit, die gleiche Informationsdichte wie die emotionale Botschaft.

Und es sind immer und ohne Ausnahme Botschaften, die absolut authentisch sind, unverfälscht von außen. Denn was immer ein Gefühl auslöst, nur der Fühlende kann diese innere Stellungnahme wahrnehmen, und damit ist sie unabhängig von äußeren Einflüssen.

Die Gefühle liefern ohne Unterlass und zeitnah direkt oder auch erst nach längerem Abstand wichtige Informationen zur Orientierung, zu unserem seelischen Zustand, unserer Befindlichkeit, unserer Selbstwahrnehmung. Es ist das *System der inneren Wahrnehmung*!

Das System der inneren Wahrnehmung unterscheidet sich deutlich von jenem System der Sinne, das uns die Orientierung im Lebensumfeld ermöglicht, dem *System der äußeren Wahrnehmung*.

Sehen, Hören, Fühlen, Riechen und Geschmack sind für das Überleben wichtig und unabdingbar als Lieferanten von Informationen für unser Verhalten und die Kontrolle im Alltag. Und wenn man auf die eine oder andere Sinnesqualität durch Krankheiten oder Unfälle und andere Ereignisse mitunter verzichten muss, so können die dann fehlenden Informationen nur unvollkommen oder gar nicht durch die anderen Sinne ersetzt werden.

Das äußere Informationssystem liefert vorrangig Daten zur Raumorientierung, zur Temperatur, zu bekömmlichen oder unbekömmlichen Geschmacksqualitäten, zu genießbaren oder gefährlichen Luft- und Duftanteilen. Diese Daten stellen gleichsam Hardcore-Informationen auf „materieller" Ebene unserer Realitäten dar und verhindern, dass wir bei fließendem Verkehr eine Straße überqueren, unsere Hand in kochendes Wasser tauchen, uns mit dem Messer in einen Finger schneiden oder sie ermöglichen es uns in sehr komplexer Weise, zum Beispiel ein Auto sicher zu manövrieren.

Sie sind aber auch - wie bereits erläutert - mit emotionalen Inhalten gekoppelt, deren Intensität die sachliche Information noch übertreffen können.

Die Sachinformation eines sich sehr schnell nähernden Autos kann deutlich in den Hintergrund treten, wenn man realisiert, dass man sich noch mitten auf der Straße befindet und Mühe haben wird, den rettenden Bürgersteig zu erreichen. Die jäh aufschießende Angst mit entsprechenden körperlichen Reaktionen wird dann zur Leitinformation.

Mitunter beruhen die ausgelösten Gefühle durch Reize der äußeren Sinne auch auf Erinnerungen, die abgespeichert sind und bei ähnlichen Situationen wieder abgerufen werden. Es zeigt sich dabei, dass eine gefühlsmäßige Bewertung, eine innere Stellungnahme eben nicht nur aktuellen Bezug nimmt auf akute Erlebnisse, sondern dass uns der gesamte Pool bisherigen Erlebens zugänglich ist. Es besteht also offenbar Zugriff auf unser inneres Archiv, die interne komplette Festplatte.

Wer sich zum Beispiel als Kind wegen schlechter Noten vor Mathematikarbeiten gefürchtet hat, wird diese Furcht nach einiger Zeit auf den Unterricht im Allgemeinen übertragen. Im weiteren Verlauf wird die Angst mit der Schule verknüpft. Und irgendwann, vielleicht dreißig Jahre später, überfällt den inzwischen erwachsenen Menschen im Urlaub in einem kleinen italienischen Dorf beim Läuten einer Glocke urplötzlich eine Riesenangst. Da ist es nicht einfach zu erinnern, dass eben dieser Ton direkt und in Sekundenschnelle die uralten Ängste aus der Schulzeit mobilisierte, weil die Schulglocke genau dem entsprach.

Dies ist ein anschauliches Beispiel dafür, dass Gefühle nicht einfach ungeprüft und kritiklos für weiteres Handeln übernommen oder zum Anlass genommen werden können für irgendwelche Verhaltensänderungen.

## WIE GEHT MAN MIT GEFÜHLEN UM?

Um das System der inneren Wahrnehmung für die eigene Orientierung zu nutzen, gilt es also, bestimmte **Regeln zu beachten:**

• Dazu gehört in erster Linie eine Form der Achtsamkeit für die eigenen Gefühle. Denn nur, wer den Fokus seiner Aufmerksamkeit darauf richtet, nimmt sie auch wahr.

• Dann gilt es, sich nicht in den eigenen Gefühlen zu verlieren, sich in ihnen aufzulösen. Das ist mitunter nicht so einfach, wie es sich lesen mag, denn manch ein emotionaler Eindruck kann schon überwältigend sein.

• Es ist hilfreich und sinnvoll, eine Zuordnung vorzunehmen, was oder wer also das betreffende Gefühl ausgelöst haben kann. Und auch das ist nicht immer einfach, wie das Beispiel mit der Glocke verdeutlicht. In vielen Fällen wird es aber keine Probleme bereiten oder Fragen aufwerfen.

• Viele Gefühle sind nicht eindeutig in ihrer Aussage. So kann etwa gefühlte Anspannung oder Stress zahlreiche Einzelkomponenten enthalten wie Angst, Druck, Erwartung und Unruhe. Diese Unterscheidung ist allerdings bereits ein Fall für Fortgeschrittene im Bereich der inneren Wahrnehmung, sodass diese mit dem Gefühl *Anspannung* auch gut „arbeiten" können.

• Zu den wichtigsten Regeln gehört es, den Informationsgehalt zu entschlüsseln, den das Gefühl in Bezug auf unsere seelische Gesundheit und Befindlichkeit liefert. Bei einem Bestätigungsgefühl, also bei innerer Zustimmung, gibt es keine Zweifel, denn das erklärt sich von selbst. Bei Angst sieht es da schon anders aus. Sie kann darauf hinweisen, etwas noch einmal zu überprüfen, sich mehr Sicherheit zu beschaffen oder lieber die Finger von einer Sache zu lassen.

• Letztlich muss dann die Vernunft eine Umsetzbarkeit der gefühlten und verstandenen Informationen im Alltag überprüfen. Nicht alle gefühlten Bedürfnisse sind praxistauglich.

Kommt es im Bereich der Abstimmung von Gefühl und Verstand zu unterschiedlichen Bewertungen, dann entsteht ein Spannungsfeld zwischen diesen beiden Polen. Es tritt gar nicht so selten auf, und das ist im Einzelfall auch nicht kritisch für die seelische Gesundheit. Dauerhaft können Spannungsfelder durch unterschiedliche Bewertungen aber krank machen an Körper und Seele. Wer eine Situation dauerhaft als stressbesetzt erlebt, etwa durch Lärmbelästigung, Zeitdruck oder Mobbing, und dann nichts daran ändert, wird ohne Zweifel Schaden nehmen. Deshalb ist eine Orientierung an der inneren Wahrnehmung im täglichen Leben von tragender Bedeutung zur Erhaltung der Gesundheit.

### WAS SIND SYMPTOME?

Die Vielfalt, der Informationsgehalt und der Hintergrund der inneren Wahrnehmung sind unbegrenzt. Nicht alle Menschen richten den Fokus ihrer Wahrnehmung auf diese gefühlten Botschaften. Da ist es hilfreich, dass diese nahezu immer auch mit körperlichen Aktionen verbunden sind, also „somatisiert" werden. Diese körperlichen Reaktionen werden auch als Symptome bezeichnet. Aus dem Griechischen übersetzt bedeutet das Wort *Symptom* eigentlich „Begebenheit". Und das trifft es auch sehr gut, wohingegen in unserem Sprachgebrauch damit körperliche Reaktionen benannt werden, die auf Veränderungen hinweisen, denen man oft bereits einen Krankheitswert zuordnet.

Wollte man bei der Definition des Wortes *Symptom* allein Krankheitszeichen darunter verstehen, griffe man aber deutlich zu kurz, denn beispielsweise Wärme im Bauch kann ein deutliches Zeichen für Wohlbefinden und Wohlbehagen sein, keinesfalls also für eine immer krankhafte Veränderung. Das schnelle Schlagen eines Herzens kann man als Tachykardie pathologisieren, oder man kann es als Zeichen wundervoller Aufregung vor der Begegnung mit einer ersehnten Person deuten. Bleischwere Beine und ein schleppender Gang lassen sich als psychovegetative Erschöpfung einordnen, sie können aber auch plastisch darstellen, dass man sich gerade mutlos und einsam fühlt und so diesem Gefühl körperlich Ausdruck verleihen. Ein deutlicher Druck in der Magengegend kann selbstverständlich auf eine Gastritis hinweisen. Weitaus häufiger macht sich ein solcher Druck aber als Zeichen von Aufregung oder Angst bemerkbar, den man eben nicht mit einem Säureblocker behandeln muss. Und das Gefühl von Aufregung und Unsicherheit kann sich beispielhaft in einer erhöhten Magen- oder Darmtätigkeit niederschlagen, die Atmung wird vielleicht beschleunigt, das Herz rast, oder ausgeprägtes Schwitzen setzt ein.

Die Organe werden auf diese Weise zum Dolmetscher und Verstärker für das innere Erleben. Häufig werden Menschen, die den ersten Gefühlen wenig oder keine Aufmerksamkeit schenken, erst durch die somatischen Symptome auf Veränderungen oder Spannungszustände hingewiesen.

Symptome lassen sich deshalb angemessener als Körperzeichen deuten, denen man eine emotionale Empfindungsqualität sehr unterschiedlicher Art zuordnen kann, und die über einen relevanten Informationsgehalt verfügen.

Selbstverständlich gibt es bei jeder somatischen Erkrankung auch Hinweise auf Organveränderungen. Man denke an das Kratzen im Hals bei einer Erkältung, an die heftigen Schmerzen einer Gallenkolik oder den Vernichtungsschmerz hinter dem Brustbein, der einen Herzinfarkt ankündigt. Es gilt bei der Beurteilung eines Symptoms also, Sorgfalt walten zu lassen und den Zusammenhang, in dem es auftritt, zu berücksichtigen. Könnte es doch fatale Folgen nach sich ziehen, wollte man nun alle körperlichen Zeichen allein und ausschließlich einem Gefühl zuordnen.

Bei krankheitsbedingten, organischen Ursachen für ein körperliches Symptom läuft die Beziehung anders herum: Erst ist die Organveränderung (Krankheit) da, dann macht sich das Symptom breit, dann spürt man Gefühle, die damit verbunden sind.

Als Folge von Gefühlen laufen auch auf der nicht wahrnehmbaren Körperebene, im Bereich der biochemischen und physiologischen Abläufe, zahlreiche tief greifende Reaktionen ab. So können zum Beispiel Stresshormone wie Cortisol oder Adrenalin ausgeschüttet werden, das Immunsystem wird beeinflusst, indem es aktiviert oder deaktiviert wird, die Blutzellzusammensetzung ändert sich, Atmung und Pulsfrequenz unterliegen ebenfalls entsprechenden Veränderungen.

Unsere Organe sind in einem dichten Netzwerk mit den neuronalen Strukturen und den Hormonen verbunden und beeinflussen sich wechselseitig, sodass nicht sicher unterscheidbar ist, ob nun ein Gefühl oder eine organische Ursache der auslösende Faktor einer Erkrankung war. Es kann sein, dass die Gefühle die körperlichen Reaktionen auslösen. Es kann auch sein, dass die körperlichen Reaktionen für die Gefühle verantwortlich sind. Dies ist aber für deren Wahrnehmung und Umsetzung ihrer Informationen nicht von großer Bedeutung. Denn es kann auch beides parallel ablaufen, sodass das eine nicht die Erklärung für das andere darstellt, sondern lediglich verschiedene Ebenen der Darstellung des gleichen Prozesses entsprechen.

Es lässt sich also festhalten, dass die Gefühle als Botschaften aus der eigenen inneren Stellungnahme direkt wahrgenommen werden können, und dass diesen Botschaften durch Organbeteiligungen – die ja auch gefühlt werden als Schmerz, Wärme, Druck – verstärkt Ausdruck verliehen wird.

Und es lässt sich ebenso festhalten, dass diese inneren Stellungnahmen einer Bewertung gleichkommen. Man erlebt beispielsweise eine Entscheidung als stimmig oder als angstbesetzt, mit Unsicherheit im Hintergrund, voller Freude oder eher gedrückt. Solche inneren Meinungsäußerungen erfolgen aber nicht nur bei konkreten Anlässen, sondern gleichsam „virtuell". Man stellt sich eine Situation vor, eine Prüfung etwa, und schon werden Gefühle aktiviert, die in diesem Zusammenhang gerade von Bedeutung sind. Es ist jedem aus dem Alltag bekannt, wie eindrucksvoll sich Gedanken und Bilder aus der Vorstellung sehr konkret in Organreaktionen umsetzen.

Auf der wissenschaftlichen Ebene stellt die Psychoneuroimmunologie derartige Vernetzungen inzwischen sehr detailliert dar. An der Existenz dieses Informationssystems wird niemand Zweifel anmelden können. Und dass man es für sich nutzen kann, wenn man die Regeln dafür berücksichtigt, das wird sich auch nicht leugnen lassen.

Aber es stellt sich doch die Frage: Wer informiert wen – und worüber? Oder mit anderen Worten: Was ist neben den kognitiven Faktoren die Basis, auf deren Grundlage eine Beurteilung der inneren Befindlichkeit oder einer zu treffenden Entscheidung getroffen wird?

### DAS UNBEWUSSTE ARCHIV

Jeder Mensch verfügt mit seinen neuronalen Strukturen über ein unvorstellbar großes Wahrnehmungs- und Speicherpotenzial, das bereits vor der Geburt seine Funktion aufnimmt und alle Informationen registriert und in einem inneren Archiv ablegt. Dazu gehört alles, was zum Beispiel von Geburt an auf den Menschen einströmt. In jeder Sekunde werden unbenennbar große Datenmengen auf unserer inneren Festplatte abgelegt. Dabei handelt es sich nicht nur etwa um bewusste Sinneseindrücke oder Gespräche. Viel mehr Informationen gehen – ohne das Bewusstsein zu erreichen – in diesen Speicher ein.

Wenn man etwa ein Lokal betritt, kann man einen bestimmten Tisch aussuchen und ansteuern. Darauf ist dann das Bewusstsein gerichtet. Aber alle Informationen im Umfeld, die im äußeren Blickwinkel stattfinden, beispielsweise zu Geräuschen, Personen oder Lichteffekten, werden ebenso aufgenommen und abgelegt. Und auch diese Informationen können sich auswirken.

➡ Ein Beispiel mag das verdeutlichen: Vor ein paar Jahren verbrachte ich meinen Urlaub in Avignon, meiner Lieblingsstadt. Dort saß ich bei bestem Sommerwetter in einem Straßencafé und genoss bei wundervoller Urlaubsstimmung einen Espresso. Urplötzlich, gleichsam aus dem Nichts, kippte diese Stimmung um und an ihrer Stelle traten plötzlich eine große Unruhe, Unwohlsein und Angst auf den Plan. Auch nach einigen Minuten konnte ich, wenngleich auf diesem Feld geübt, keine Erklärung dafür finden. Beim Verlassen des Lokals entdeckte ich dann den Grund: An einem der Tische saß ein Mann, der fast bis auf die Haarspitzen einem Nachbarn ähnelte, mit dem es dereinst viel Ungemach gegeben hatte. Da erst fiel mir der Schleier von den Augen. Ich hatte diesen Menschen offenbar aus den Augenwinkeln heraus entdeckt, diese Information unbewusst aufgenommen, denn wissentlich war mir der Vorgang nicht bekannt, und die abgespeicherten Eindrücke von damals wurden direkt aktiviert. Auf einer Ebene, die meinem Bewusstsein zu dem Zeitpunkt nicht zugänglich war, hatte ich also Informationen aufgenommen und in jenem Ordner des inneren Archivs abgelegt, der dort bereits durch den unangenehmen Kontakt mit dem so ähnlich aussehenden Nachbarn angelegt war.

Auch all die verdeckten Informationen aus dem unbewussten Archiv sind mit einer Bewertung verknüpft, wie etwa
• Urlaub in Frankreich ist wohltuend.
• Wenn Du die Finger in das Feuer hältst, verbrennst du dich.
• Sport ist anstrengend / wohltuend für dich.
• Zu viel Alkohol erzeugt Kopfschmerzen.

Halten wir in diesem Zusammenhang einfach fest: Von Geburt an – und auch bereits davor – werden in jeder Minute unseres Lebens unvorstellbar viele Informationen in Bezug auf die eigene Person wahrgenommen und gespeichert. Und immer sind diese Informationen mit einer inneren Bewertung verknüpft, werden in einem entsprechenden „Erinnerungsordner" abgelegt und gleichsam etikettiert. Nur ein winziger Teil davon ist dem Bewusstsein im Alltag zugänglich. Man kann diesen Anteil erweitern, indem man den Fokus seiner Aufmerksamkeit auf spezielle Erinnerungen richtet oder sich innerlich auf ausgewählte Bereiche einstellt. Dann allerdings werden wieder andere Informationen ausgeblendet.

Das macht natürlich auch Sinn, denn niemand könnte je einen Überblick behalten oder Ordnung wahren, wenn ihm auch nur für Sekunden *alle* gesammelten Informationen zur Verfügung stünden und bewusst wären.

Kommen nun neue Informationen hinzu, was ja unablässig geschieht, sucht das Gehirn nach einem passenden Ordner, der ähnliche oder identische Merkmale trägt, oder legt einen neuen Ordner an. So sammelt sich mit jedem Lebenstag ein ungeheuer großes, absolut unübersehbares Potenzial an Informationen, Erfahrungen und Bewertungen an. Und jede neue Information, jeder neue Eindruck, jede neue Erfahrung wird eingefügt und verändert so das gesamte Archiv, jede Sekunde, jede Minute, jede Stunde, jeden Tag.

Verbunden ist damit immer, wie sich diese Umstände jeweils auf unser Befinden ausgewirkt haben, ob wir uns wohl dabei gefühlt haben, ob wir Sicherheit gespürt haben, wann wir zufrieden waren, welche Ansprüche erfüllt wurden, ob wir Schaden genommen haben usw. Also die Information darüber, was sich ereignet hat, was es damals bei uns bewirkt hat und welche Konsequenzen sich daraus ergeben.

Insgesamt vergleichbar wäre das mit einem Himmel, der sich über allem spannt. Schaut man nachts einmal dieses Firmament an, öffnet sich ein riesiger, nicht erfassbar weiter Raum der Unendlichkeit. Und es gelingt mit oder ohne Hilfsgeräte immer nur, einen winzigen Teil zu betrachten. Von der Dimension erscheint mir der Vergleich mit allen unseren unbewusst gespeicherten Erfahrungen – DEM Unbewussten – und unserem jeweiligen Fokus der Aufmerksamkeit – DEM Bewusstsein – angemessen.

Der Fokus unserer Aufmerksamkeit bestimmt und begrenzt die jeweilige bewusste Wahrnehmung und ermöglicht uns immer nur die Betrachtung eines winzigen Ausschnittes aus dem inneren Universum.

Aber immer wirkt sich jede neue Erfahrung, jede neue Speicherung, im gesamten inneren Kosmos aus und verändert ihn. Denn alles steht miteinander in Verbindung und in Beziehung.

So verfügt man mit zunehmendem Lebensalter über ein ständig wachsendes Archiv mit schier unbegrenzten Fähigkeiten zur Problemlösung, zur Lebensgestaltung und zur Orientierung.

Die Kenntnis solcher Zusammenhänge hat Milton Erickson, ein Pionier zeitgemäßer Psychotherapie, zu seiner These veranlasst, dass jeder Mensch die Möglichkeit habe, anhand seines inneren Archivs – in unserem Sinne – Lösungsmöglichkeiten für seine Probleme zu finden. Und die Aufgabe der Psychotherapie sei es, den Zugang zu diesen Ressourcen zu öffnen.

Selbstverständlich kann man diesen Zugang auch allein und ohne Psychotherapeuten finden, wenn man die Angebote der inneren Wahrnehmung für sich nutzbar macht und die Gefühlsinformationen in die Lebensgestaltung mit einfließen lässt. Aber wie alle Archive kann auch dieser Speicher mit der Zeit unübersichtlich werden, oder man verliert die Fähigkeit, den Zugang zu nutzen und den Bezug dazu herzustellen. Beides führt dann zum Lost-Sense-Syndrom, zu immer mehr Verlust der Orientierung an den eigenen, wirklich passgenauen inneren Maßstäben und Werten.

## KURZ ZUSAMMENGEFASST

Die innere Wahrnehmung gibt ständig eine Zustandsmeldung darüber, wie wir uns fühlen. Die Beurteilung darüber basiert auf dem Archiv all unserer gespeicherten Daten, Bewertungen, Erfahrungen, Kompetenzen und Orientierungsrichtlinien, die von Geburt an dort gespeichert sind. Dabei wird die Summe aller – überwiegend unbewussten – Informationen abgeglichen und das Ergebnis über die Gefühlsbotschaft vermittelt. Um welchen Ausschnitt es sich dabei handelt, wird über den Fokus unserer Aufmerksamkeit – wofür wir uns gerade interessieren oder was uns gerade beschäftigt – gesteuert. Unsere Beurteilungen können variieren von „Das passt" bis „Vorsicht, Gefahr!", von „Eine Überprüfung ist dringend erforderlich" bis zu „Auf keinen Fall umsetzen, verstößt gegen alle meine inneren Erfahrungen und Werte".

Diese Botschaften gilt es dann in die Gesamtbeurteilung einer Situation, einer Entscheidung oder eines Verhaltens einfließen zu lassen, um zu einer Übereinstimmung oder wenigstens zu einem Kompromiss von Kopf und Bauch, von Verstand und Gefühl zu gelangen. Dabei ist es wichtig, die Regeln zu beachten, die im Unterkapitel „Wie geht man mit Gefühlen um?" aufgelistet sind.

Dieses Orientierungssystem gibt Sicherheit bei der Lebensgestaltung im Alltag und ist unabdingbar, um auf Dauer Spannungsfelder zu vermeiden und Gesundheit von Körper und Seele zu ermöglichen.

Die Wahrnehmung und Kenntnis dessen allein gewährleisten das allerdings nicht. Die Konsequenzen im eigenen Verhalten und in der Lebensgestaltung müssen auch im Alltag in die Praxis umgesetzt werden. Wahrnehmen, Erkennen und Handeln lautet die Devise. Denn Entscheidungen haben erst Konsequenzen, wenn man sie durchsetzt.

Nun ist der Alltag zum Glück nicht immer gespickt mit wichtigen und folgenschweren Entscheidungen, die zu treffen sind. Und deshalb muss niemand künftig ohne Unterlass in sich hineinhören und am Ende vor lauter Spüren und Fühlen unaufmerksam bei der Arbeit werden, beim Autofahren die Vorfahrt missachten oder seinen Bus verpassen.

Um das System für sich so zu nutzen, wie es gedacht ist – als Orientierungshilfe, um bei sich zu bleiben und authentisch zu leben –, reicht es völlig aus, immer wieder einmal in sich hineinzuspüren. Sollte sich das eine oder andere Gefühl besonders deutlich oder ständig wieder zu Wort melden, sind allerdings Wachsamkeit und Aufmerksamkeit geboten.

Hilfreich ist es auch, sich am Abend ein paar Minuten Zeit zu nehmen, um innezuhalten, der Ruhe Einkehr zu gewähren und den Tag in Gedanken Revue passieren zu lassen. Dann kann man ganz wunderbar erspüren, wie die innere Beurteilung zu diesem Tag ausgefallen ist, ob Spannungsfelder zu entdecken sind oder man weitgehend in Übereinstimmung mit dem eigenen inneren Ich den Tag gestaltet hat. So bleibt man stets mit sich und den eigenen Maßstäben im Kontakt, kann frühzeitig Störfelder erkennen und darauf reagieren.

Eine möglichst differenzierte Wahrnehmung ist dabei eine große Hilfe, und nach einiger Übung wird man bald zum Meister. Aber gemeinhin benötigt man keinen Dolmetscher, um die eigenen Gefühle zu verstehen, denn sie sprechen meistens eine deutliche Sprache. Achtsamkeit im Umgang mit ihnen ist sehr wichtig.

# MENSCHEN:
## EINIGE FALLBEISPIELE

**Der Mensch**

Hans von M. ist 52 Jahre alt, er ist in dritter Ehe seit 7 Jahren verheiratet und lebt mit seiner Frau und seinen drei Kindern in St. Peter Ording. Er verkauft Mobilfunkverträge bei einem namhaften Hersteller, erzielt damit ein ordentliches Einkommen.

Herr von M. kommt aus der Landwirtschaft, der väterliche Hof war ihm als dem ältesten Sohn versprochen, wurde aber dann dem zweitältesten Sohn übergeben. Die Atmosphäre im Elternhaus war geprägt von kühler Distanz im Umgang miteinander, denn über Gefühle redete man nicht. Dem Vater war die Arbeit Lebensmittelpunkt, die Mutter versorgte die vier Kinder zwar, zeigte sich aber stets distanziert.

Herr von M. hat eine Banklehre erfolgreich absolviert und auch einige Jahre in einem Geldinstitut gearbeitet, bevor er seine bestehende Tätigkeit aufnahm.

**Das Beschwerdebild**

Der Patient selbst beschreibt es so: „Ich habe den Zugang zu mir vollständig verloren, ein Teil von mir existiert irgendwie gar nicht mehr. Ich konnte schon lange Zeit meine Bedürfnisse nicht mehr leben, aber jetzt kenne ich sie noch nicht einmal mehr, wenn ich davon erzählen soll.

In der Bank war ich täglichen Kontrollen ausgesetzt, musste ständig Umsatzzahlen vorlegen mit geforderten Steigerungen, für persönliche Beratung war keine Zeit. Der Kontakt zu anderen Menschen ging dabei völlig verloren und ein großer Druck lastete auf mir, diese Zahlen ständig zu erfüllen. Von meiner jetzigen Tätigkeit hatte ich mir mehr Freiraum und Selbstständigkeit versprochen, aber letztendlich bin ich in die gleiche druckvolle Arbeitsumgebung geraten, aus der ich fliehen wollte. Es zählen nur Zahlen, Umsätze, Steigerungsraten. Meine Gedanken kreisen fast ohne Pause um diese Themen. Zu Hause sieht es zwar anders aus, aber die drei Kinder fordern Zuwendung, meine Frau ist überfordert mit der Hausarbeit und der Versorgung, sodass ich am Wochenende einen wesentlichen Teil zur Entlastung beitrage. Zeit für Gedanken an mich oder an Bedürfnisse bleibt da wenig.

Ich habe gemerkt, wie ich immer mehr den Kontakt zu mir verloren habe, ich funktioniere noch, aber ohne innere Beteiligung. Der Umgang mit den Kindern bereitet mir keine Freude mehr, meine Frau erlebe ich wie eine Schwester, irgendwie lasse ich niemanden mehr an mich heran, ich fühle mich innerlich kalt und ohne Leben.

Wenn mich einmal jemand berührt, zucke ich zusammen."

### Die Gefühlsregulation
Bei Herrn von M. fand sie überwiegend auf der Verdrängungsebene statt. Zunächst war die Enttäuschung über die Vergabe des Hofes an den Bruder zu verwinden. Seine Wut darüber hat der Patient niemals geäußert oder herauslassen können, denn im elterlichen Haus waren Gefühle verpönt und wurden stets unterdrückt.

Die Zeit in dem Geldinstitut war überwiegend geprägt von Leistungsanspruch, Erwartungsdruck und Kontrollerleben. Hier hatte Herr von M. erst nach Jahren reagiert und die Konsequenzen gezogen. Gefühle hat er wieder nicht geäußert, aber immerhin Konsequenzen aus dem inneren Unbehagen folgen lassen. Bedauerlicherweise bot die neue Tätigkeit wieder alte Muster und Enttäuschung, Angst, Wut und Traurigkeit hielten wieder Einzug. Da im häuslichen Umfeld weiter hohe Erwartungen gestellt wurden, mussten die eigenen Gefühle wieder hintangestellt und unterdrückt werden. Die Frage nach eigenen Wünschen und Bedürfnissen stellte sich nicht mehr.

Herr von M. hatte keine andere Wahl für sich entdecken können, als seine Gefühle nun komplett zu unterdrücken.

### Hintergründe und Zusammenhänge

Diese zeigen sich in der Zusammenarbeit mit dem Patienten in eindrucksvoller Klarheit. Von Kindesbeinen an war es dem Patienten untersagt, Gefühle zu äußern. Die Eltern lebten es ihm vor, er wuchs in einer Atmosphäre heran, die von kühler Distanz im Umgang miteinander geprägt war.

Die riesige Enttäuschung, dass der elterliche Hof aus seiner Sicht völlig unbegründet an den jüngeren Bruder und nicht an ihn, den eigentlichen Hoferben, gegangen war, konnte er weder äußern noch aufarbeiten. Sie wurde einfach verdrängt, um ihrer an der Oberfläche Herr zu werden, und unterdrückte Wut baute sich langsam auf.

Die Tätigkeit bei der Bank forderte, dass der Mitarbeiter seine Aufmerksamkeit und seinen Fokus auf die Befriedigung von Umsatzzahlen richtete; ständige enge Kontrollen und Vorgaben bauten Druck auf und fixierten seine Aufmerksamkeit. Wie er sich dabei und damit fühlte, war von keiner Relevanz.

Um sich aus diesem Umfeld zu befreien, änderte Herr von M. sein Betätigungsfeld, und folgte damit einmal seiner inneren Wahrnehmung. Als Ergebnis seiner Bemühungen gab es aber statt der gewünschten neuen Arbeitsbedingungen wieder die alten bedrückenden Strukturen. So kam für ihn zu der erneuten Enttäuschung noch die Resignation hinzu, dass die Wahrnehmung und Umsetzung seiner Gefühle letztlich seinen Bedürfnissen keine Rechnung trugen.

Das wertete er wie eine Bestätigung der elterlichen Thesen und deshalb führte der Weg dann in eine absolute Gefühlsresignation.

**Die Konsequenzen**

In dieser Konstellation bestanden sie zunächst einmal darin, dem Patienten die theoretische Basis der Bedeutung von Gefühlen und ihrer Auswertung zu vermitteln. Dies gelang anhand zahlreicher Beispiele und wissenschaftlicher Belege glaubwürdig und wurde dann vom Patienten auch so akzeptiert.

Im zweiten Schritt wurde Herr von M. durch hypnotherapeutische Konzepte und Achtsamkeitstraining zunächst zu der emotionalen Wahrnehmung seines Körpers zurückgeführt.

Im Anschluss daran galt die Aufmerksamkeit den unterdrückten Gefühlen, die durch Aufarbeiten der auslösenden Situationen nun endlich zugelassen, erlebt und über Körperübungen zusätzlich abgebaut werden konnten. Damit war der Zugang zu den eigenen Bedürfnissen und Wünschen wieder frei und für den Patienten verfügbar. Wir konnten deshalb auf dieser Basis dann Strukturen schaffen, die der Wahrnehmung eigener Bedürfnisse und dem Umsetzen von Informationen aus der eigenen Mitte Berechtigung und Raum geben durften. Zum Abschluss führten wir ein Training zur Entwicklung emotionaler Kompetenzen mit Herrn von M. durch und vermittelten ihm Techniken zur Selbsthypnose, um den dauerhaften Zugang zu den gefühlten Informationen zu stabilisieren und zu sichern.

Beim Abschlussgespräch äußerte der Patient, er fühle sich erstmals in seinem Leben „in seiner Mitte" und „endlich stimmig mit sich selbst" sowie „in ständigem Kontakt mit seinem Ich".

Damit zeigte sich auch bei dieser gemeinsamen Arbeit, dass „… jetzt auch die Verbesserung der Kompetenzen, die eigenen Gefühle wahrzunehmen, erkennen und verstehen zu können und sich in belastenden Situationen innerlich emotional zu unterstützen, deutlich mit dem Therapieerfolg assoziiert ist" (Berking, 2010).

### Der Mensch

Karina M. wohnt in der Nähe von Hannover, sie ist 37 Jahre alt, verheiratet, Kinder gibt es in der Beziehung nicht.

Sie hat ein Studium der Betriebswirtschaftslehre abgeschlossen und eine Ausbildung bei einem Automobilkonzern im Controlling mit Erfolg hinter sich gebracht. Sie hatte im Laufe ihres Lebens unterschiedliche Arbeitsplätze: Sie war bei einer Bank tätig, hat im Management gearbeitet, fand schließlich wieder zurück zur Autoindustrie in einem anderen Werk. Alle Arbeitsplätze hat sie nach anfänglich großer Begeisterung nach etwa einem Jahr sehr erfolgreicher Arbeit, großer Anerkennung und trotz eines angemessenen Gehaltes wieder verlassen. Bei der Aufnahme in der Klinik besteht seit einigen Monaten kein Arbeitsverhältnis mehr.

Ihre Beziehung besteht seit acht Jahren und wird von beiden Partnern als liebevoll und respektvoll beschrieben, beide kommunizieren miteinander, es bestehen viele Gemeinsamkeiten. Einen Änderungsbedarf haben weder Frau M. noch ihr Partner.

### Das Beschwerdebild

Als Frau M. uns zur Therapie aufsucht, kann sie das Beschwerdebild zunächst nur schwer konkretisieren. Sie ist unzufrieden, beschreibt sich als unruhig, fahrig und unstet. Sie mag sich auf keine Sache so richtig einlassen.

Ihren Alltag im gemeinsamen Haushalt meistert sie in gewisser Weise, aber ohne einen echten inneren Bezug, mehr mechanisch und fast ein wenig roboterhaft, wie sie es nennt. Ein Glücksgefühl oder Zufriedenheit hat sie, wie andere Gefühle auch, schon längere Zeit nicht mehr gespürt. Überhaupt sei ihr der Bezug zum eigenen Tun und Leben irgendwie verloren gegangen. Sie wisse nicht mehr, wonach sie ihr Leben ausrichten solle oder was diesem einen Sinn geben könne. Mitunter fühle sie sich mutlos, aber es sei mehr ein Gefühl wie bei Kafkas Romanen: eine „Geworfenheit ins Sein".

### Die Gefühlsregulation

Die Patientin weist als emotionales Grundgefühl zunächst eine gewisse Fremdheit in der Eigenwahrnehmung auf. Sie fühlt Unzufriedenheit, Rastlosigkeit und einen Zustand des Getriebenseins und nimmt eine dauernde innere Anspannung wahr. Trotz all dieser Gefühle fühlt sich Frau M. wie von ihren Emotionen ausgeschlossen und getrennt.

Bei der gemeinsamen therapeutischen Arbeit zeigen sich zusätzlich im Hintergrund noch Scham, Enttäuschung, Angst und Gekränktheit, die Frau M. bis dahin noch nicht bewusst wahrgenommen hatte. Sie hatte in den letzten Jahren versucht, diese Gefühle zu unterdrücken und ersatzweise immer neue Arbeitsangebote angenommen mit dem geschilderten Ergebnis des Abbruches nach jeweils einem Jahr. Jeder neue Zyklus in dieser Dynamik hatte neue Enttäuschung und Scham ausgelöst oder verstärkt.

Hin und wieder hatte Frau M. versucht, mit einigen pflanzlichen Mitteln ihr Befinden zu verändern, was allerdings jeweils misslang.

### Hintergründe und Zusammenhänge

Frau M. hatte ein Hochschulstudium und eine zusätzliche Berufsausbildung erfolgreich absolviert. Vor diesem Hintergrund leistete sie nun eine Pflicht ab, diese Ausbildungen in eine erfolgreiche Karriere einzubringen, weil alle Bekannten in ihrem Umfeld auch diesen Weg gegangen waren.

Seltsamerweise hat sie aber im Gegensatz zu jenen Menschen, die ihr gleichsam Verpflichtung und Vergleich waren, den Aufstieg zwar sehr erfolgreich begonnen, ihn aber, sobald sich der Erfolg deutlich zeigte, jedes Mal abgebrochen. Das erfüllte sie dann mit Enttäuschung über das eigene „Versagen" und mit Scham gegenüber den Menschen in ihrem Umfeld.

Es stellte sich heraus, dass Frau M. zwar klar einige für sie entscheidende Kriterien einer befriedigenden Berufswahl nennen konnte, sie hatte diese Kriterien allerdings noch nie für sich selbst in Betracht gezogen:

Der Beruf solle durch Anerkennung ein Glücksgefühl vermitteln, er solle keinen eintönigen Alltag haben und stets neu sein, er müsse klare Vorgaben aufweisen, er müsse genügend Freiraum lassen für häusliche und Freizeitaktivitäten, er solle nicht zu viel Vorleistung und Konzentration verlangen, um zum Erfolg zu gelangen.

Diese komplexen Vorgaben waren in den bisherigen Berufen nicht erfüllbar, zumal sie der Patientin vor der Therapie auch nicht als Auswahlkriterien bewusst waren.

Die eigenen Wünsche und Bedürfnisse waren von dem Bestreben, vermeintliche Anforderungen oder selbst auferlegte soziale Pflichten zu erfüllen, völlig überdeckt worden.

Alle diesbezüglichen Gefühle, die sich bei der Ausübung des jeweiligen Berufes gezeigt hatten, waren unterdrückt, statt ausgewertet worden. Stattdessen hatte Frau M. versucht, durch immer neue, wieder nicht entsprechende Berufe einen Ausgleich zu schaffen und sich so immer weiter von den eigenen Wünschen und Bedürfnissen entfernt, bis diese gänzlich aus ihrem Bewusstsein verschwunden waren. An deren Stelle hatten sich dann nach und nach die Symptome eines Lost-Sense-Syndroms eingestellt.

**Die Konsequenzen**

Diese hat die Patientin klar gezogen, indem sie sich dazu entschloss, selbstständig zu werden, um die genannten Kriterien zu erfüllen: Frau M. wollte als begeisterte Hundebesitzerin künftig in ihrem mit Hundebesitzern dicht besiedelten Stadtteil ein Geschäft für Hundebackwaren eröffnen. Das gab in der Perspektive Raum für Kreativität, ließ eine freie Zeiteinteilung zu, wurde ihrem Bedarf nach Abwechslung und Freiheit gerecht, schaffte das Glücksgefühl durch Akzeptanz der Kundschaft und verwöhnte daneben noch die von ihr so geschätzten Vierbeiner.

Frau M. war sich darüber bewusst, dass sie diesen Gestaltungsfreiraum auch ihrem Mann verdankte, der die finanzielle Basis der Familie sicherte. Deshalb war die Patientin nicht gezwungen, auf dem Arbeitsmarkt nach einer passenden Beschäftigung zu suchen, um den Unterhalt zu sichern, was bei ihrem vielfältigen Anspruch auch sehr schwer gefallen wäre.

In der abschließenden emotionalen Statuserhebung fand sich nun ein Gefühl von „Jauchzen im Bauch", ein wärmender „Mantel ums Herz", wo früher Anspannung, Druck und Enttäuschung oder Scham gewesen waren. Das empfand die Patientin als sehr wohltuend und stimmig.

Berking (2010) schreibt dazu: „… dass es letztlich für die psychische Gesundheit von zentraler Bedeutung ist, dass man die eigenen Emotionen entweder gezielt zum Besseren wenden oder sie aushalten kann."

Ergänzend sei hinzugefügt: Und dass man die Informationen der inneren Wahrnehmung nutzt, um sein Umfeld entsprechend neu und anders zu gestalten, wo es notwendig und möglich ist. Denn die emotionale Kompetenz allein verändert den Ursprung der Gefühle ja noch nicht. Wenn die innere Wahrnehmung durchgängig „Stress" meldet, ist diese Information von großer Bedeutung, und die Regulation der Gefühle in diesem Zusammenhang auch, aber dann muss die Konsequenz eine Ausschaltung oder Eindämmung der Stressquelle sein, damit die Gesundheit auf Dauer wirklich keinen Schaden nimmt.

Es sei der Vollständigkeit halber erwähnt, dass die therapeutische Arbeit noch andere Felder zum Inhalt hatte, wie Abgrenzung und Unabhängigkeitserklärungen von der Meinung anderer.

Das zentrale, auslösende Element fand sich aber in der emotionalen Ausrichtung und fehlender emotionaler Kompetenz, im fehlenden Kontakt zu den eigenen inneren Sinnen und deren Überlagerung durch das absolute Bestreben, vermeintlichen sozialen Ansprüchen gerecht zu werden. Ein weiteres Missachten der inneren Botschaften hätte in der Konsequenz bei dieser Patientin sehr wahrscheinlich in eine Depression geführt.

**Der Mensch**

Franziska N. lebt in der Nähe von München. Sie ist 40 Jahre alt und lebt zusammen mit ihrem Lebenspartner ohne Kinder. Ihr Beruf als Verwaltungsangestellte füllt sie voll aus. Sie gibt an, von den anderen Mitarbeitern, besonders den männlichen, wegen „meiner Attraktivität" und „meiner Warmherzigkeit" sehr geschätzt und als „Seele der Verwaltung" bezeichnet zu werden.

Von großer Bedeutung ist für die junge Frau der Kontakt zu ihrer Mutter. Diese unterstützt sie auch in finanzieller Hinsicht, wenn es einmal wieder nicht reichen sollte, sie mischt sich aber auch immer wieder ein in alle möglichen Lebensbereiche. Die Patientin erlebt sie als bestimmend.

Frau N. kauft sehr gerne neue Kleidungsstücke ein und überschreitet dabei auch immer wieder ihren finanziellen Rahmen, was ihr Probleme bringt und ein schlechtes Gewissen macht. Besonders intensiv ist ihr sexuelles Erleben: „Pro Tag habe ich oft mehrere Orgasmen, da kann ich mitunter einfach nicht genug bekommen."

### Das Beschwerdebild

Bei Frau N. ist es von zunehmenden Ängsten gekennzeichnet, sie fühlt sich erschöpft und müde, ständig findet sie sich in Gedankenschleifen gefangen, die sich weder steuern noch ausschalten lassen. Nur beim Sex, unabhängig ob mit dem Partner oder ohne ihn, ist das eine Ausnahme. Allerdings bedauert sie, mit ihrem Partner während des Verkehrs noch nie zu einem Orgasmus gekommen zu sein. Dabei ist sie ständig darauf bedacht, seinen Wünschen und Ansprüchen gerecht zu werden.

„Ich fühle mich sehr unsicher in meinem Alltag, und es fällt mir sehr schwer, auch kleinere Entscheidungen zu treffen, weil ich immer wieder alles infrage stelle. Auch in Bereichen, in denen ich eigentlich sicher bin, stellen sich nach kurzer Zeit immer wieder Zweifel ein. Irgendwie ist alles beliebig, denn das Ergebnis endet dann immer wieder in der Unsicherheit, Verwirrung, Ratlosigkeit oder Erschöpfung mit dem Gefühl, ohne Orientierung zu sein."

Nachts findet Frau N. auch nur wenig Erholung, weil sie ständig von „schweren" Träumen verfolgt wird, oft erwacht und sich morgens nur in Ausnahmefällen ausgeruht fühlt.

All das wirkt sich auch auf ihre Arbeit aus, wo sie dann schon hin und wieder unerwartet Fehler macht. Auch in der Beziehung kommt es zu Spannungen, weil die Patientin am Abend so erschöpft ist, dass sie bereits beim Fernsehen einschläft oder früher und dann ohne ihren Partner ins Bett geht. Auch wenn der mehrfache tägliche Sex dann am Morgen nachgeholt wird, bleiben das schlechte Gewissen und Schuldgefühle häufige Besucher.

### Die Gefühlsregulation

Auf der Emotionsregulationsebene hat das entgegengebrachte Neidgefühl der Kollegen die Patientin von der „objektiven" und eigenen Beurteilung ihrer Leistung abgebracht.

Sie hat dem Gefühl aus Sehnsucht, dort anerkannt zu werden, und der Enttäuschung, dass ihr dies versagt wurde, Raum gegeben. In der Konsequenz aber hat Frau N. den kompensatorischen Maßnahmen wie gesteigerte Arbeitsleistung oder Ausweichen in die Sexualität in einem Übermaß stattgegeben. Und dieses Übermaß entspricht in keiner Weise der eigenen inneren Wahrnehmung und ihren eigentlichen Bedürfnissen.

Dass ihr dann noch die eigene Befriedigung dabei aus den angeführten Gründen versagt bleibt, bringt neue Enttäuschung und auch Wut auf die eigene Person.

### Hintergründe und Zusammenhänge

Frau N. erlebt sich in einem Spannungsfeld, das ihr bislang nicht bewusst gewesen ist. Auf der einen Seite ist sie die Powerfrau, der Vamp, der Männerliebling und steht sehr oft im Mittelpunkt. Auf der anderen Seite wird sie gerade deshalb von einigen Mitarbeitern auch beneidet, vor allem von den weiblichen. Deshalb wird sie dann recht häufig ausgegrenzt, fühlt sich nicht wirklich dazugehörig und leidet darunter, dass sie wegen dieser Angst vielleicht Fehler machen könnte. Beides hat ihren Selbstwert geschmälert. Zusätzlich hat sie versucht, ihr Handeln an den Erwartungen der anderen auszurichten. Der eigene Maßstab blieb dabei auf der Strecke. Sie möchte also jenen Menschen näher sein und entsprechen, die sie beneiden und deshalb ausgrenzen.

Dieses Bestreben trifft in ihrem Inneren auf den heftigen Widerstand jener Anteile in ihr, die sich als selbstbewusst und stark erleben.

Im häuslichen Umfeld macht dieser Kampf die Patientin matt und müde nach einem langen Arbeitstag, weshalb sie sich dann in der misslichen Lage befindet, ihrem Partner nicht mit der von ihm erwarteten Zuwendung zu begegnen. Ihre eigenen Bedürfnisse hat sie in beiden Bereichen ziemlich aus den Augen verloren. Selbst beim Sex versucht sie alles, damit *ihr Partner* ein lustvolles Erleben hat. Ihr eigener Orgasmus bleibt dabei auf der Strecke, was sie sich dann als Versagen anrechnet und damit ihr schlechtes Gewissen und Schuldgefühle aktiviert.

### Die Konsequenzen

Es gibt hier nur eine Richtung: zurück zu den ursprünglichen eigenen Bezügen, zurück in die Orientierung an eigenen Maßstäben.

Die wurden in der weiteren therapeutischen Arbeit zunächst einmal wieder freigelegt: dort, wo der Zugang nicht mehr vorhanden oder erschwert war, in der Anerkennung der Arbeit durch die *eigene* Bewertung. Eine solche Bewertung hatte auch von außen stattgefunden, nur hatte die Patientin das neidvolle Abgrenzungsverhalten der anderen als zentral empfunden und die Anerkennung für die erfolgreich geleistete Arbeit nicht mehr wahrgenommen.

Zusätzlich hatte Frau N. ein verkrampftes Verhältnis zur Sexualität entwickelt, das nicht wirklich ihren Bedürfnissen entsprach, sondern als kompensatorisches Fluchtverhalten entwickelt wurde, weil sie sich da ohne Zweifel als lustvoll erlebte.

Auch auf diesem Gebiet galt es, die eigenen Bedürfnisse und den eigenen Maßstab, die eigenen Gefühle wieder in den Mittelpunkt zu stellen. Dazu gehörte dann, dass Frau N. sich künftig wieder die Erlaubnis erteilte, beim Sex auch selbst an die eigene Lust zu denken und nicht über die Bemühungen für den Partner den eigenen Orgasmus auszugrenzen.

Der emotionale Status beim Abschluss der Behandlung zeigte Klarheit und Sicherheit im Umgang mit den eigenen Leistungen, deren Bewertung und im Umgang mit den eigenen Wünschen und Bedürfnissen. Es fiel Frau N. leicht, diese für sich wieder als Handlungsmaßstäbe zu akzeptieren und sich statt der Ausrichtung auf Forderungen von außen eine Abgrenzung und Artikulation „in eigener Sache" zu erlauben.

Gedankenschleifen auf der endlosen Suche nach Lösungen waren so nicht mehr erforderlich und die Ängste, durch übermäßige Leistung Fehler zu begehen, reduzierten sich auf ein Minimum. Die Patientin formuliert das Ergebnis für sich so: „Ich habe es gewusst, dass ich eine tolle Powerfrau bin. Ich hatte es nur quasi vergessen. Nun herrschen wieder klare Verhältnisse."

### Der Mensch

Christa M. ist 45 Jahre alt, sie wohnt in Frankfurt, ist verheiratet, hat keine Kinder und arbeitet im Finanzcontrolling. In der Ausübung ihres Berufes ist sie ständig unterwegs: vom Flughafen zur U-Bahn, vom Bahnhof mit dem Taxi oder mit dem Auto in der Stadt. Mitunter sieht sie ihren Mann und ihr Zuhause auf diese Art zehn Tage nicht. Frau M. ist sehr erfolgreich in der Branche und übt eine verantwortungsvolle Tätigkeit aus.

Vor einem Jahr erlitt ihr Mann einen tragischen Verkehrsunfall und ist seitdem an den Rollstuhl gebunden. Er lebt in einem betreuten Heim, weil er sich nicht alleine versorgen kann. Christa M. hat in den letzten Monaten sehr viele Behördengänge erledigt, zahllose Formulare ausgefüllt und Anträge gestellt, und sie hat ihr Ziel erreicht: die Versorgung des Mannes ist gesichert, alle Unfallfolgen sind anerkannt, das gemeinsame Haus der Familie wird in einen Zustand gebracht, der Menschen mit Handicaps gerecht werden kann. Die Arbeiten dauern an.

Der gelähmte Ehemann ist unzufrieden und will unbedingt ins heimische Umfeld zurück. Er lehnt aber eine häusliche Betreuung durch eine Pflegekraft ab und sieht dort seine Frau in der Pflicht.

Frau M. belastet die Situation sehr, sie ist erschöpft nach den Monaten anstrengender Fürsorge für ihren Mann, die neben dem ausfüllenden Beruf zu meistern war.

### Das Beschwerdebild

Die Patientin ist deutlich über die Grenzen ihrer Belastbarkeit gegangen und restlos erschöpft. Neben der körperlichen Mattheit erlebt sie das Schwinden ihrer Kernkompetenzen *Aktivität*, *Optimismus* und scheinbar *unerschöpflicher Reserven*: „Ich verstehe mich selbst nicht mehr. Mein Beruf hat mir immer Spaß gemacht. Ich mag es, anzupacken, Probleme zu entdecken, Lösungen zu suchen und am Ende auch zu finden. Jetzt ist mir das alles egal. Und zum ersten Mal stelle ich mir die Sinnfrage: Was soll das alles eigentlich?

Die Sache mit meinem Mann setzt mir sehr zu, denn ich kann seine Betreuung nicht übernehmen, das weckt bei mir sehr starke Schuldgefühle und auch Scham, dass ich dem einfach nicht gewachsen bin. Mir wird das alles zu viel im Moment und ich blicke nicht mehr durch."

Dazu gesellen sich Schlafprobleme und ein ständig steigendes Körpergewicht.

### Die Gefühlsregulation

Diese ist im Zusammenhang mit dem umfangreichen Beschwerdebild zunächst einmal von intensiven Wahrnehmungen gekennzeichnet, die Frau M. in diesem Umfang noch nicht erlebt hat. Auf Nachfragen schildert sie, dass besonders morgens bereits einige Wochen vor dem Unfall ihres Mannes eine gewisse Fremdheit beim Erwachen in immer neuen Hotelzimmern aufgetreten sei. Das morgendliche Frühstücksbuffet habe auch seine Reize verloren, die Lust auf einen Cocktail am Abend an der Hotelbar war dem Gefühl von Leere und dem Empfinden „Lasst mich bloß alle in Ruhe!" gewichen.

Sie habe diese Gefühle aber beiseitegelegt, denn es blieb ihr ja keine Zeit, ihnen nachzugehen. Außerdem schien ihr die Arbeit von ungleich größerer Bedeutung zu sein als irgendwelche Gefühle.

Nach dem Unfall ihres Mannes seien die Wahrnehmungen geblieben, aber noch mehr in den Hintergrund gerückt, weil sie nun für ihn aktiv werden musste und auf ihre eigenen Gefühle keine Rücksicht nehmen konnte.

Die Patientin erwähnte, dass zusätzlich nicht selten Wut, Traurigkeit und eine schnelle Reizbarkeit mit bislang unbekannten aggressiven Reaktionen aufgetreten seien. Sie habe sich hin und wieder doch entschuldigen müssen. Aufkommende Anteile ihrer unterdrückten inneren Wahrnehmung hat Frau M. in den einzelnen Situationen oft mit dem Genuss von allerlei Süßigkeiten oder anderem Naschwerk zu kompensieren versucht. Wobei der Blick auf die Waage am nächsten Tag dann Scham ob der Gewichtszunahme und Wut über das eigene Verhalten bei ihr ausgelöst habe.

All dieser Gefühle wurde die Patientin nicht mehr Herr und suchte deshalb therapeutische Begleitung.

### Hintergründe und Zusammenhänge

Frau M. war in ihrem Beruf erfolgreich, hatte sich in der Firmenhierarchie gut behaupten können und ein Selbstbild von unerschütterlicher Belastbarkeit und unbegrenzten eigenen Ressourcen entwickelt. Die natürliche Belastungsgrenze beider Eigenschaften hatte sie bereits seit einiger Zeit überschritten, die entsprechenden Signale ihrer inneren Wahrnehmung aber überhört und keinerlei Überlegungen angestellt, wo vielleicht Änderungsbedarf in ihrem Alltag zu finden sein könnte, um auf einem angemessenen Belastungsweg zu bleiben. Vielmehr hatte sie auf näheres Befragen mit noch mehr Engagement zu reagieren versucht und damit die ersten Schritte auf der Straße zu einem Burn-out-Syndrom vollzogen.

Der Unfall des Mannes hatte dann in der bereits überlasteten Situation weiteren Einsatz und weitere Kräfte gefordert. Da sie keine andere Möglichkeit sah, dieses Konfliktfeld zu bearbeiten oder es zu delegieren, hatte Frau M. einige Monate dann jenseits jeglicher Grenze arbeiten müssen. In dieser Zeit hatte sie nur die Möglichkeit, irgendwie den Belastungen gerecht zu werden und den riesigen Berg an Aufgaben abzubauen.

Auch das konnte die Patientin noch leisten. Als dann aber Forderungen des Ehemannes nach häuslicher Betreuung laut wurden, sah sich Frau M. vor dem Zusammenbruch aller Systeme und verlor jegliche Orientierung.

**Die Konsequenzen**

Zunächst einmal wurde die Patientin aus dem Arbeitsprozess genommen und eine umfassende regenerative Maßnahme eingeleitet, um dem Körper die Möglichkeit zur Erholung zu bieten.

Auf der Gefühlsebene haben wir uns mit dem Erstaunen und der Enttäuschung beschäftigt und der Patientin erläutern und emotional erlebbar machen können, dass beide inneren Beurteilungen unangemessenen sind.

Es galt allerdings für sie einzusehen, dass ausnahmslos jedem Wesen natürliche Belastungsgrenzen gesetzt sind, so eben auch ihr selbst. Nachdem sie das annehmen konnte, wurde es ihr auch möglich, die vorausgegangenen Warnhinweise auf eine akute Überlastung als hilfreich einzustufen und zu akzeptieren. Für Enttäuschung fand sich dann kein Platz mehr, vielmehr Dankbarkeit und innere Anerkennung, dass es ihr gelungen war, trotzdem die Maßnahmen mit absolutem Einsatz für den verunglückten Ehemann erfolgreich durchzuführen und zu beenden.

Im weiteren Verlauf der Therapie hat die Patientin nach realistischen, eigenen inneren Maßstäben neue Strukturen für ihre berufliche Tätigkeit entwickeln können, um künftig auf diesem Gebiet keine Grenzüberschreitungen mehr zu riskieren.

Es war schmerzlich, aber auch erforderlich anzuerkennen, dass Frau M. auch bei vermindertem beruflichem Engagement nicht in der Lage sein würde, die komplexe Betreuung des gelähmten Ehemannes zu übernehmen. Hier wurden klare Angebote an den Ehemann erarbeitet, die entweder im häuslichen Umfeld, aber mit externer Betreuung, oder aber dauerhaft in einem betreuten Heimumfeld sein weiteres Leben bestimmen würden. Die Entscheidung darüber konnte Frau M. gut dem Ehemann überlassen und sich so von Schuldgefühlen und einem schlechten Gewissen trennen.

Im abschließenden Therapiefeld konnte Frau M. dann längst vergessene eigene Bedürfnisse, Wünsche und Sehnsüchte entdecken und Pläne entwerfen, wie sich diese umsetzen ließen.

Der emotionale Abschluss-Status zeigte nun eine Gefühlsskala von Zufriedenheit, Wertschätzung, Dankbarkeit und neuer Energie: „Bei mir herrscht wieder Ordnung. Ich bin froh, dass meine innere Wahrnehmung so gut funktioniert und dies ja auch in der Vergangenheit getan hat. Ich habe nur erst die Informationen nicht richtig in ihrer Bedeutsamkeit erfasst und deshalb keinen Änderungsbedarf erkannt. Dann konnte ich nicht anders handeln und musste das mit meinem Mann ‚durchziehen‘. Ich freue mich sehr, dass ich sogar meine eigenen Bedürfnisse wiederentdecken konnte.“

**Der Mensch**

Frau Sabine N. lebt mit ihrem Ehemann in Braunschweig, sie ist 34 Jahre alt und geht in ihrem Beruf als Lehrerin auf. Kinder hat die Familie nicht, obwohl beide Ehepartner sich das wünschten. Medizinische Diagnostik bestätigte aber die Unmöglichkeit, den Wunsch nach eigenen Kindern umzusetzen. Die Familie lebt in einem eigenen Haus, das noch teilweise im Um- und Ausbau ist, der von dem handwerklich sehr begabten Mann zu großen Teilen selbst durchgeführt wird. Der Partner von Frau N. war einige Jahre lang recht erfolgreich im Bereich Innenarchitektur tätig. Inzwischen hat sich die Auftragslage aber so verschlechtert, dass er die Firma nicht mehr betreibt und schon längere Zeit ohne Arbeit ist. Neben der Unterrichtstätigkeit nimmt Frau N. noch zahlreiche nebenamtliche und ehrenamtliche Tätigkeiten wahr.

Deshalb wird die Zeit vor dem abendlichen Zubettgehen oft lange hinausgezögert, um wenigstens ein paar Stunden neben dem Beruf zur eigenen Verfügung zu haben. Allerdings werden diese dann nicht selten auch für die Arbeit eingesetzt.

**Das Beschwerdebild**

Zum einen leidet Frau N. an zahlreichen körperlichen Symptomen wie etwa Muskelverspannungen, Kopfschmerzen, Magen-Darm-Problemen und Infektanfälligkeit. Zum anderen klagt sie über Schlaflosigkeit, Gedankenkreisen, Verlust von Lebensfreude und darüber, dass ständige Zweifel an ihr nagen.

„Ich habe das Gefühl, mich von mir entfernt zu haben. Was früher selbstverständlich war, gerät zur Belastung oder ich nehme es gar nicht mehr wahr aus Angst, dem nicht gewachsen zu sein.

Für meine Interessen kann ich kaum noch eintreten. Früher haben mir Streitgespräche und verbale Auseinandersetzungen Spaß gemacht, seit einiger Zeit gehe ich jeder Auseinandersetzung lieber aus dem Weg. Die Arbeit mit den Kindern bereitet mir noch Freude, aber mein unbegrenztes Engagement kann ich nicht mehr fühlen.

In meiner Beziehung hat sich auch manches verändert. Ich muss die Last des Unterhaltes alleine tragen, zu Zärtlichkeiten kommt es kaum noch, Sex findet schon seit Monaten nicht mehr statt, weil ich einfach keine Lust mehr habe. Geborgenheit und Sicherheit, wie ich sie von früher kannte, gibt es so nicht mehr. Ich habe fast überall meine Orientierung verloren."

### Die Gefühlsregulation

Frau N. ist sich nicht sicher, welche Gefühle zuerst im Vordergrund standen. „Zu Beginn habe ich nur einen ständig zunehmenden Druck verspürt, ohne dass ich ihn zuordnen konnte. Ich habe dagegen angekämpft und ihm standgehalten. Aber dann kamen Gefühle wie Müdigkeit und Erschöpfung mit auf meinen Tagesplan. Die Lust auf Sexualität verschwand dafür. Als ich dafür kein Verständnis fand, machte mich das traurig, und Enttäuschung war dann auch dabei. Ich habe das so hingenommen. Die seltenen Gespräche mit meinem Mann darüber zeigten, dass er eher beleidigt war, als dass er mich verstehen konnte. Dann haben wir die Gespräche weitgehend eingestellt und ich habe versucht, alles möglichst aus meinen Gedanken zu drängen und habe noch mehr gearbeitet. Mitunter hatte ich sogar Angst, nach Hause zu kommen. Schließlich habe ich den Eindruck gehabt, von meinen Gefühlen überrannt zu werden und fühlte mich hilflos und ausgeliefert."

### Hintergrund und Zusammenhänge

Beides hat die Patientin bereits bei der Schilderung ihrer Beschwerden angesprochen, ohne dass ihr dabei Ursache und Wirkung klar geworden sind. Seit einiger Zeit musste sie allein die Verantwortung für den gemeinsamen Unterhalt der Familie bestreiten, während der Ehemann sich zwar um den weiteren Ausbau des Hauses kümmerte, die Suche nach einer Beschäftigung zur Leistung seines finanziellen Beitrages für die Gemeinschaft aber weitgehend aufgegeben hatte. Beide waren mit diesem Zustand unzufrieden, was in seltenen Gesprächen auch mitunter zum Ausdruck kam, aber Änderungen traten nicht ein.

Aus Angst, ihre eigene Arbeitsstelle zu verlieren – Frau N. war noch nicht im Beamtenstatus – sah sich die Lehrerin noch mehr als bisher in der Pflicht, ihre Arbeit mit höchstem Einsatz zu verrichten und Zusatzaufgaben klaglos anzunehmen. Eigene Belastungsgrenzen spielten dabei keine Rolle. Maßgeblich für sie war es, die Forderungen nach Unterhaltssicherung zu erfüllen. Dabei hatte sich Frau N. völlig überfordert, bekam aber vom Ehemann nicht die Anerkennung für diese Leistung, sondern erlebte ihn als Partner, der nicht allzu sehr um ihre Entlastung bemüht war.

Ihr Wunsch nach Zärtlichkeit und liebevoller Zuwendung wurde auch nicht erfüllt, weil ihr Mann sie nach mehrfacher Zurückweisung nun gar nicht mehr berührte.

### Die Konsequenzen

Zunächst musste sich Frau N. vom belastenden und anstrengenden Umfeld sowie dem Arbeitsalltag lösen, sie brauchte Raum und Zeit für Regeneration und Reflexion.

Erst dann konnte sich die Patientin mit den einzelnen Gefühlsanteilen aus dem als Wirrwarr empfundenen Gesamtgemisch beschäftigen, um sich Klarheit zu verschaffen und eine Zuordnung zu ermöglichen als Grundlage für die Auswertung der Informationen und deren Umsetzung in praktische Veränderungen.

An erster Stelle stand der zunehmende Druck, den sie als Belastung empfunden hatte. Es wurde klar, dass so eine Belastung für eine bestimmte Zeit im Alltag zwar auszuhalten ist, dass aber ebenso klar eine zeitliche Grenze dafür gezogen werden muss.

Hier hatte Frau N. keine echten Konsequenzen gezogen und ihr Gefühl stattdessen unterdrückt. In Gesprächen mit dem Ehemann wurde dann die absolute Notwendigkeit verdeutlicht, dass von seiner Seite eine Entlastung erfolgen musste. Dies hatte die Patientin vorab mehr halbherzig vermitteln können. Und eine zwar seinen Fähigkeiten nicht angemessene, aber akzeptable Stelle fand sich dann auch bald. Die diesbezügliche Enttäuschung, Wut und Traurigkeit mit all ihren Folgen verschwanden weitgehend.

Im Anschluss daran konnten die gegenseitigen Erwartungen für die Bereiche Sex und Zärtlichkeit angeglichen werden, auch bei diesem Thema ließen sich vorab eine gegenseitige Schuldzuweisung, schlechtes Gewissen oder Wut spüren. Mit Kenntnis der Hintergründe konnten beide gemeinsam den Abbau dieser Gefühle einleiten und neue Gemeinsamkeiten herstellen.

In Bezug auf ihren Arbeitsplatz widmete sich Frau N. dem Missverständnis, dass sie jede auch nur vage angebotene Zusatzbelastung annehmen müsse. Denn einerseits war der Ehemann nun wieder am Unterhalt beteiligt und die Verantwortung damit wieder geteilt. Zum anderen war der Arbeitsplatz bei all ihrer Skepsis bei genauerer Betrachtung absolut sicher.

„Meinen Gefühlen wieder angemessen zu begegnen und sie für mich zu nutzen, statt mich ihnen ausgeliefert zu fühlen, DAS fühlt sich sehr gut an. Gut zu wissen, dass ich ein so zuverlässiges Informationssystem in mir trage. Sie können mir glauben, künftig werde ich das ganz sicher nicht vergessen."

## PATIENTENVERGLEICH
## UND RÜCKSCHLÜSSE

Die geschilderten Beispiele von Menschen, die vom Lost-Sense-Syndrom betroffen sind, erlauben einige wichtige Hinweise. So zeigt es sich, dass der jeweilige Symptomkomplex, das Beschwerdebild, sich sehr variabel darstellen kann. Mitunter wird man eher an ein depressives Zustandsbild erinnert, manchmal finden sich Hinweise auf ein Burn-out-Syndrom oder eine Angststörung, ein anderes Mal vermischen sich selbst diese drei zu einem komplexen Krankheitsbild.

Doch nur sehr selten oder nie geht die komplette innere Wahrnehmung verloren, meistens sind nur Teilbereiche des Erlebens betroffen.

Geht man aber zu den Wurzeln zurück und verfolgt exakt und detailliert das Beschwerdebild, wird man ohne Ausnahme entdecken, dass wahlweise

- der Verlust der inneren Wahrnehmung erfolgte, der Verlust des Kontaktes zu Bereichen des inneren Ich;
- eine nicht angemessene, weil nicht den eigenen Bedürfnissen und Maßstäben entsprechende Regulation der Gefühle eintraf;
- keine praktischen Konsequenzen im Umgang mit den gemeldeten Spannungsfeldern aus den Gefühlsinformationen gezogen wurden.

Alle drei Verhaltensweisen im Umgang mit den inneren Stellungnahmen führen weiter und tiefer in ein Krankheitsbild hinein, das dann immer mehr in Depression, Angst und Burnout-Syndrom mündet.

# TRAININGS-
## MÖGLICHKEITEN

Es ist sehr unterschiedlich, wie Menschen den Weg in die eigene Mitte finden, um die Möglichkeiten der inneren Wahrnehmung zu nutzen. Was für viele Jahre spontan und ohne besondere Aufmerksamkeit zur Verfügung stand, ist nach Entfremdung, dem Kontaktverlust zum *Ich* oder der Ausblendung von Gefühlen nicht immer leicht zu finden oder wiederzuentdecken.

Wer sich ohne Schwierigkeiten spüren kann, die Gefühlsinformationen nutzt und den Kontakt zu sich ohne Hindernisse herzustellen weiß, muss das natürlich nicht üben. Für diese Personen gilt es, den Fokus angemessen und nach Bedarf dorthin zu richten, wo Aufmerksamkeit gefordert ist.

Wem der Zugang erschwert oder ganz verschlossen ist, dem stehen Übungsmöglichkeiten zur Verfügung, die im Folgenden aufgezählt werden.

## KÖRPERWAHRNEHMUNG

Über das „Hilfsorgan Körper" gelingt es zuverlässig, Gefühle wiederzuentdecken. Diese werden über die Sinnesorgane vermittelt, liefern Sachinformationen und sind ebenso mit zusätzlichen Inhalten verknüpft.

Um diesen Zugangskanal zu nutzen, macht man es sich zunächst irgendwo bequem, wo man ungestört einige Zeit zur Verfügung hat. Wohltuend ist, wenn man dabei liegen kann und kein Körperteil durch die Körperhaltung angespannt ist oder ungemütlich liegt. Wer mag, kann auch eine Decke nutzen, um sich Wärme oder ein Stück Geborgenheit zu sichern. Wichtig wäre noch, dass Arme und Beine nicht übereinanderliegen oder direkten Kontakt miteinander haben, weil es gilt, sie getrennt zu erspüren. Und dann kann die erste Trainingseinheit beginnen.

Ziel ist es, in verschiedene Körperareale hineinzuspüren. Es geht nicht darum, zu erfahren, was der Kopf an Wissen darüber gespeichert hat, sondern vielmehr darum, *was* man *wie* fühlen kann. Auch Veränderungen sind weder gefragt noch vonnöten, wie sie etwa beim autogenen Training erreicht werden sollen, wo es darum geht, Schwere oder Wärme durch innere Bilder zu erzeugen.

All diese Arbeit ist bei dieser Übung nicht gefordert. Es geht ausschließlich um das Spüren, die Wahrnehmung von Gefühlen. Um mehr geht es nicht, allerdings auch nicht um weniger. Deshalb ist es auch unmöglich, Fehler bei dieser Übung zu machen, weil man eben nur das spüren kann, was da ist – etwas anderes ist ja nicht vorhanden, und das ist nicht falsch, sondern zu diesem Zeitpunkt einfach so.

**Und los geht es:**
Am besten beginnen Sie mit dem **linken Arm** und lenken Ihre Aufmerksamkeit dorthin. Der Arm beginnt mit den Fingerspitzen, führt dann über die Hand mit dem Handrücken und der Handinnenfläche bis zum Handgelenk. Dort setzen Elle und Speiche als Unterarm an. Dieser erstreckt sich bis zum Ellenbogen, von dem aus der Oberarm beginnt, der schließlich an der Schulter mit dem Schultergelenk endet.

Spüren Sie einfach in diesen Arm hinein, wie sie ihn wahrnehmen können. Man kann ganz systematisch dabei vorgehen: bei den Fingern oder dem Oberarm beginnen und die Aufmerksamkeit dann langsam nach unten oder oben richten. Es ist aber auch möglich, einfach „so" und ungezielt den Arm spürbar zu erforschen.
Welche Gefühlsqualitäten Sie dabei entdecken, ist gänzlich Ihnen überlassen, da gibt es keine Grenzen.

Beispielsweise könnte man sich auf die Suche nach der Temperatur machen, ob der Arm eher warm oder eher kühl spürbar ist. Dabei wird es dann selten um „heiß" oder „kalt" gehen, sondern meistens sind es Nuancen, feine Unterschiede, die man wahrnehmen kann. Wärme kann fließend oder statisch sein. Weiter lässt sich entdecken, ob der Arm sich eher schwer oder leicht bemerkbar macht. Und die Schwere hat mitunter verschiedene Qualitäten: Sie reicht z. B. von „schwer wie Blei, zieht mich herunter" über „Das kommt vom Eigengewicht" bis zu „Ruhe macht die Schwere aus".

Auch kann man unterscheiden, ob der Arm sich eher lang oder kurz anfühlt. Hier spielt es wieder keine Rolle, ob der „Kopf" damit einverstanden ist, denn der hat ja beim Fühlen Pause. Was man spürt, spürt man, und damit ist es gut.

Schließlich geht es noch um die Beweglichkeit. Denn so ein Arm kann wunderbar und frei beweglich sein, er kann aber auch wie gefesselt, eingerostet oder unbeweglich auf der Unterlage liegen.

Spürbar werden kann dann auch, ob der Arm aus einem Teil besteht, also eben ein „Arm am Stück" ist, oder ob mehrere Abschnitte einzeln erfühlt werden können – wie z. B. Hand, Unterarm, Oberarm –, die jeder für sich auf Selbstständigkeit bestehen oder alle miteinander gut kooperieren.

Sie sehen schon, dass es ausgesprochen vielfältige Gefühle gibt, die sich im Bereich des Armes entdecken lassen können, wenn Sie Ihren Fokus darauf richten und ihnen Raum geben.

Erwähnenswert ist noch, dass mitunter einzelne Abschnitte fremd wirken können oder wie ausgegrenzt. Das ist nicht ungewöhnlich, sondern lediglich eine Gefühlsinformation wie viele andere auch.

Wenn Sie der Meinung sind, dass Sie diesem linken Arm ausreichend Aufmerksamkeit geschenkt haben, oder wenn es einfach nichts Weiteres zu entdecken gibt, dann wenden Sie sich bitte dem **rechten Bein** zu.

Dieses Bein liegt ebenfalls auf seiner Unterlage, beginnt bei den Zehenspitzen und den Zehen, geht über Fußsohle und Fußrücken bis zum unteren und oberen Sprunggelenk. Dort beginnt der Unterschenkel mit Schienbein und Wadenbein und führt bis zum Knie mit dem Kniegelenk. Im Anschluss folgt der Oberschenkel bis nach oben in das rechte Hüftgelenk und die rechte Gesäßhälfte.

Hier können Sie nach einem ähnlichen Schema vorgehen, wie es sich beim Erfühlen des Armes bereits bewährt hat, aber verpflichtend ist das nicht. Eine interessante Zusatzfrage wäre zum Beispiel, ob das rechte Bein Ihr Spielbein oder Ihr Standbein ist.

Sie wählen wieder aus, wann es Zeit ist, den Fokus der Aufmerksamkeit zu verändern und wenden sich dann dem **linken Bein** zu.

Um diesem Bein wirklich gerecht zu werden, ist es von Vorteil, dass Sie es zuerst für sich „betrachten", um ihm als Individuum gerecht zu werden, und erst dann Vergleiche mit dem rechten Bein anzufühlen, falls das für Sie sinnvoll oder angemessen scheint.

Vom linken Bein geht dann die Aufmerksamkeit zum **rechten Arm.**

Am Ende haben Sie die Wahrnehmung der Extremitäten erfolgreich abgeschlossen und wenden sich dem **Rücken** zu.

Ihr Rücken nimmt eine große Körperfläche ein und erstreckt sich vom Beckenrand bis hoch in beide Schultern. In der Mitte verläuft die Wirbelsäule, daneben laufen die Muskeln des Rückens, unter ihnen befinden sich die Anteile des knöchernen Brustkorbes: die Rippen. Spüren Sie in sich hinein, wo Ihr Rücken sicher aufliegt und wo vielleicht nicht. Können Sie die Wirbelsäule wahrnehmen? Ist sie beweglich oder unbeweglich? Die Muskeln können angespannt sein oder locker, warm oder kalt. Der Rücken kann eher zum Lastentragen da sein – auch das lässt sich erfühlen – oder eher, um die aufrechte Haltung zu gewährleisten, er kann angemessen belastet sein oder überfordert.

All das sind Angebote, wie man den Rücken spürbar entdecken kann, aber es sind keinesfalls Verpflichtungen. Spüren Sie das, was Sie spüren möchten und können.

Nach dem Rücken können Sie sich dem vorderen Teil zuwenden, dem **Brustkorb**. Mitunter vermittelt der Brustkorb ein Gefühl, als läge eine Zentnerlast darauf oder als sei er eingeschnürt wie in einem Korsett. Er kann dann starr, unbeweglich und eng sein. Dann wieder ist er leicht, völlig frei und gut beweglich. So können Sie auch die Atmung spüren: eher schwer oder oberflächlich, hastig und unzureichend oder leicht, flexibel, offen und wunderbar tief. Vielleicht können Sie auch Ihr Herz noch spüren: Es liegt ein wenig nach links verrückt, aber doch irgendwie mittig.

Auch hier geht es zunächst allein um die Wahrnehmung, denn Sie möchten sich auf diese Weise über den Körper wieder Zugang zu den Gefühlen erschließen. Deshalb können Sie Ihre Aufmerksamkeit auch so lange verweilen lassen, wie es Ihnen angenehm ist, oder sie auch schnell weiterwandern lassen.

Nach dem Brustkorb gelangt dann der **Bauch** in den Fokus der Aufmerksamkeit. Diese Region beginnt am Rippenbogen beidseits und erstreckt sich bis zum Schambeinast des Beckens auf beiden Seiten. Rechts und links kommen noch die Flanken dazu. Der Bauch kann sich sehr selbstgefällig anfühlen nach dem Motto: „Das steht mir jetzt auch zu, hier so herumzuliegen", er kann aber auch sehr beflissen und emsig spürbar sein. Mitunter ist er aufgeräumt oder leer, dann wieder völlig überfüllt, weil er – sinnbildlich gesprochen – ständig alles in sich hineinfressen muss wie Ärger, Wut oder Ungerechtigkeit. Mitunter ist er angespannt oder aber sehr gelassen. Manch ein Bauch ruht ganz wunderbar in sich selbst und ist zufrieden mit sich und der Welt. Und sehr oft haben auch unterschiedliche Gefühle ihren festen Wohnsitz dort im Bauch, die lassen sich dann auch entdecken. Wenn Sie das alles spüren können, dann könnten Sie auch noch zu erfühlen versuchen, ob der Bauch mit seinen Botschaften, den Gefühlen, sich vom Kopf angemessen berücksichtigt findet, oder ob er beständig kleingehalten oder unterdrückt wird. Probieren Sie es aus!

Zum Abschluss der Körperwahrnehmung über die Gefühle kommt der **Kopf** an die Reihe. Er sitzt auf den Schultern, kann leicht und frei sein oder schwer, ist beweglich oder unbeweglich, und manchmal vermittelt er das Gefühl, als habe er einen engen Helm auf. Ein Kopf kann „wegen Überfüllung geschlossen" sein oder sehr aufnahmebereit und interessiert an Neuem. Er kann aufgeräumt sein oder chaotisch, klar wie ein Januarmorgen oder nebulös wie ein Novembertag. Entdecken Sie einmal in aller Ruhe ihren Kopf.

Diese Möglichkeiten, sich über die Wahrnehmung des Körpers wieder Zugang zum gefühlten Erleben, zur inneren Wahrnehmung, zu erschließen, sind Angebote. Es wird anfangs ein wenig Zeit kosten, die Sie sich dafür nehmen müssen. Gehen Sie dabei zunächst in kleinen Schritten vor und beginnen Sie zum Beispiel nur mit der Betrachtung eines Armes oder Beines. Sie bestimmen selbst, was dabei an Umfang und Intensität richtig ist und erobern sich auf diese Weise Entscheidungskompetenz bei der Wahrnehmung Ihrer Gefühle zurück.

Ein zu hoher Anspruch wirkt sich eher als Blockade aus. Besser ist es deshalb, sich ein wenig in Bescheidenheit zu üben. Und es wird auch immer wieder Momente oder Tage geben, wo ein solcher Zugang einfach nicht passt, weil anderes Gedankengut Sie intensiv besetzt. Dann sollten Sie das respektieren – auch das führt Sie wieder zurück zur inneren Entscheidungskompetenz.

## SINNLICHKEITEN

Durch die Körperwahrnehmung erhalten Sie immer auch einen Zugang zu Ihren Gefühlen.

Wer seine Sinne wieder aktivieren möchte, erleichtert sich dieses Vorhaben auf dem Weg zurück zur inneren Wahrnehmung und zum eigenen Ich, wenn er beide Informationskanäle – die körperlichen und die emotionalen – nacheinander nutzt. Sollten sich Ihnen beide parallel erschließen, dann vereinfacht das die Übung nur.

Der erste Informationskanal unserer Sinne sind Sachinformationen über unsere Lage im Raum, über die Temperatur im Umfeld, über die Lichtverhältnisse oder über Gerüche und Geschmack. Diese Informationen dienen der Sicherheit und der Orientierung im Umfeld des Alltages. Damit kann man bei den folgenden **Übungen** auch gut beginnen.

Als Einstieg in die Welt der Sinne und der Sinnlichkeit sind visuelle Reize gut geeignet. Schauen Sie sich zunächst einmal um, was Sie mit Ihren **Augen** in der Umgebung alles entdecken können. Die einfachste Qualität hätte die Unterscheidung von hell und dunkel im Groben wie in Nuancen. Dort können Sie sehr feine Abstimmungen entdecken. Im nächsten Schritt, dem Sie die Aufmerksamkeit schenken, lassen sich überall Konturen finden, Umrisse von Gegenständen, Pflanzen, Menschen. Man kann sich viel Zeit nehmen, die unterschiedlichen Formen und die wechselnde Schärfe dabei zu erkunden.

Widmen Sie sich nun den Farben in ihrer unbegrenzten Vielfalt. Manche sind sehr stark, klar und deutlich, andere wirken eher verwaschen oder fließend in den Tönen. Zu guter Letzt können Sie sich Bewegungsabläufen widmen: Manche sind eckig, manche sind rund, schnell oder langsam. Schauen Sie einfach einmal genau hin.

Sind Sie bereit zum nächsten Schritt auf dem Weg zurück zu Ihren Gefühlen?

Schauen Sie sich noch einmal um, welches Bild, welche Farbe oder welche Form Sie am intensivsten beeindrucken konnte. Fixieren Sie es noch einmal. Holen Sie sich dieses Bild in die Mitte Ihrer Aufmerksamkeit und „zoomen" Sie es heran. Und dann lassen Sie es einfach ein paar Sekunden auf sich wirken. Wahrscheinlich werden die Konturen nun ein wenig unscharf, oder die Farben verschwimmen, das ist dann gut und richtig so. Spüren Sie jetzt in sich hinein, ob sich in Ihnen ein Gefühl dabei einstellt, wenn Sie auf diese Art das Bild vor sich betrachten. Eine andere Art, sich in Beziehung zu der visuellen Information zu setzen, die ihre Augen liefern: Nehmen Sie dieses Bild in sich auf, schließen Sie dann die Augen und widmen Sie sich neugierig und interessiert den Gefühlen, die sich Ihnen öffnen.

Da wir uns im Bereich von Übungen bewegen, ist es möglich, dass Sie auf den beschriebenen Wegen sofort Zugang zu Ihren inneren Empfindungen erhalten. Mitunter braucht es auch noch einige weitere Versuche dafür. Probieren Sie das einfach so lange aus, bis Sie den Erfolg haben, der Ihnen den Zugang zum eigenen Ich auf dieser Basis wieder öffnet.

Ein weiteres Sinnesorgan, dem Sie sich dann widmen können, sind die **Ohren.**
Wer sich an einen stillen Ort zurückzieht, der von Außengeräuschen abgeschirmt wird, ist mitunter überrascht. Denn wirkliche Stille herrscht nie und nirgendwo. Immer nimmt man mit dem Gehör etwas wahr, auch in absoluter Abgeschiedenheit: ein leises Sirren, einen kaum hörbaren hellen Klingelton, einen metallisch klingenden Dauerton, so als flösse Energie in das Ohr hinein. Damit sind nicht Erkrankungen wie Tinnitus gemeint. Dieses Phänomen findet sich immer und bei jedem Menschen. Absolute Stille herrscht nie.
Nach dieser ersten Erfahrung lassen sich dann die unterschiedlichen Frequenzen und Intensitäten im Umfeld erkunden. Es ist gar nicht so leicht, sich auf unterschiedliche Schallquellen zu fokussieren, weil man meistens von einem hohen Gesamtschallpegel umgeben ist. Es hängt also sehr von der Umgebung ab, in der Sie sich bei dieser Übungseinheit befinden. Während eines Spazierganges in der Natur wird es völlig andere, oft leisere Töne zu entdecken geben als im Lärm einer Stadt. Wenn Sie den „Input" begrenzen wollen, können Sie Kopfhörer aufsetzen und Musik hören. Dann ist es Ihnen möglich, Ihre Aufmerksamkeit auf die einzelnen Töne oder den Gesang zu richten, ohne Ablenkungen durch andere Quellen.

Wieder liegt der Schwerpunkt zunächst nur bei der Wahrnehmung und der Differenzierung der unterschiedlichen Schalleindrücke. Hören Sie einfach hin und versuchen Sie, sich auf unterschiedliche Bereiche dieser Wahrnehmungsmöglichkeit einzulassen. Auch hier ist es nicht unwahrscheinlich, dass sich parallel zu dem Schalldruck bestimmter Frequenzen sehr spontan Gefühle aus der Erinnerung einstellen oder erinnerungsfrei „einfach so". Um diese emotionalen Eindrücke geht es im Schwerpunkt im zweiten Teil der Übung.

Finden Sie heraus, welcher Ton (hoch/tief?), welche Musik (laut/leise?), welches Geräusch bei Ihnen Gefühle weckt. Gehen Sie dabei wie bei den visuellen Eindrücken vor. Vielleicht gelingt es Ihnen sogar schon, eine Unterscheidung zu treffen zwischen Gefühlen, die aktuell ausgelöst werden und solchen, die wieder Erinnerungen und die damit verbundenen Eindrücke wecken.

Auch hier gilt: Übung macht den Meister, wenn Sie sich die Gefühlswelt und die innere Wahrnehmung wieder erschließen wollen.

Als weiteres Übungsfeld bietet sich der **Geruchssinn** an. Primär gilt er ja auch der Orientierung und dem Vermeiden von Gefahren. Daneben erschließen sich über die Düfte aber auch sehr eindrucksvolle Welten inneren Erlebens.
Wieder sollten zu Beginn die „reinen" Informationen im Mittelpunkt der Aufmerksamkeit stehen. Versuchen Sie, bei

all den Gerüchen und Düften in Ihrer Umgebung jetzt einzelne Komponenten zu identifizieren: von streng bis scharf, von schwer bis leicht, von stabil bis flüchtig, von süß bis säuerlich – hier öffnet sich eine weite Vielfalt. Sehr detaillierte Duftvariationen können Sie wahrnehmen, wenn Sie die Nase in einen Blumenstrauß halten und tief einatmen.

In der Küche und beim Essen spielt der Duft eine sehr wesentliche Rolle und wertet schlichte Ernährung zu einem köstlichen Erlebnis auf. Denken Sie doch nur einmal an jene Aromen, die das Haus durchziehen, wenn eine Ente sich im Backofen befindet oder noch warme, weihnachtliche Plätzchen duften.

Nun kommt der zweite Schritt im Übungsplan. Vielleicht fällt es Ihnen beim Geruchssinn am leichtesten, mit dem Duft auch Gefühle zu verbinden. Schließen Sie einfach die Augen, inhalieren Sie tief einen gewählten Duft, und erleben Sie, welche Eindrücke und Gefühle dadurch freigesetzt werden und wie berauschend der Geruch die inneren Sinne betört.

An jeder Stelle dieser Übungsangebote sind Sie frei zu entscheiden, ob das jeweilige Feld Ihnen entspricht, oder ob Sie sich lieber auf ein anderes konzentrieren möchten. Vielleicht haben Sie Lust, an dieser Stelle schon einmal in sich hineinzuspüren, welcher Sinn Ihnen besonders intensiv oder leicht den Zugang zur inneren Wahrnehmung öffnet.

Wenn Sie die Sinnlichkeit weiter erforschen wollen, dann bietet sich als Nächstes der **Tastsinn** an.

Die Sinneszellen der Hand lassen sich durch den Einsatz der Fingerkuppen besonders fein und differenziert nutzen. Aber auch mit anderen Bereichen der Haut kann man die Umgebung auf eine andere Art „ertasten". Das spürt man bei Berührungen von anderen Menschen sehr gut.

Am Anfang bietet es sich wieder an, allgemeine Qualitäten zu ertasten, die sich in der Umgebung bieten: die Tischplatte, den Sesselbezug, den Stoff der Hose oder des Kleides, Unebenheiten auf dem Boden. Setzen Sie diese Sinneswahrnehmung zur Übung einfach überall dort ein, wo man etwas ertasten oder berühren kann in ihrem Umfeld. Welche Informationen erhalten Sie? Sind die Oberflächen glatt oder rau, hart oder weich, samtig oder schroff? Sie werden schnell erkennen, ob Sie ein „Tastmensch" sind, oder ob sich Ihnen die Reize dieser Wahrnehmung nicht so eindringlich erschließen.

Wieder geht es zum nächsten Schritt. Und da Sie nun bereits über reichlich Übungserfahrung verfügen, wissen Sie auch längst, welche Gefühle der Tastsinn in Ihnen wecken kann. Als Beispiele seien dafür die Gefühle Harmonie, Gegensätzlichkeit oder Widerstand genannt, die das Berühren einer Sache in Ihnen wecken kann. Es kann aber auch sein, dass er keinen besonderen Zugang zum inneren Erleben schafft und Sie sich nach einigen Versuchen den anderen Sinneseindrücken zuwenden möchten.

Last but not least findet sich dann der **Geschmackssinn** auf dem Übungsplan. Im Vergleich zu den anderen Sinnen bietet er vielleicht keine ganz so üppige Variationsbreite, es sei denn, Sie gehören zu den wenigen Auserwählten, die über sehr ausgeprägte und differenzierte Geschmackseigenschaften verfügen. Probieren Sie es bitte trotzdem in gewohnter Übungsweise: Erschmecken Sie alles, was Ihnen auf die Zunge kommt, von süß bis salzig, von mild bis scharf, von prickelnd bis fad. Können Sie sich vorstellen, auch dazu einen emotionalen Kontakt aufzubauen? Probieren Sie es einfach aus. Vielleicht verknüpft sich mit dem einen oder anderen Geschmack die Erinnerung an eine wundervolle Zweisamkeit in einem Restaurant, oder der zarte Schmelz einer Mousse au chocolat löst köstliches Wohlbefinden und Wärme im Bauch aus?

Nach der erfühlten Wahrnehmung der unterschiedlichen Körperareale konnten Sie nun über das Erleben Ihrer Sinnlichkeit einen weiteren Schritt zurück in die Welt der inneren Orientierung wagen.

Es sei ausdrücklich darauf hingewiesen, dass diese kleinen Übungen Spaß machen können, grundsätzlich bereichernd sind und jedes Mal wie eine Abenteuerreise durch das eigene Erleben führen. Und deshalb sind sie immer ein Gewinn.

## EMOTIONALE ENTWICKLUNG

Säuglinge sind verbal in den ersten Monaten nur sehr eingeschränkt kommunikationsfähig. Das mag mit ein Grund dafür sein, dass man über ihre emotionale Befindlichkeit nur wenige Informationen hat. Eine gewisse Ausdruckspalette steht ihnen allerdings zur Verfügung, die wenigstens zwei Qualitäten recht sicher unterscheiden lässt: Zufriedenheit und Stress. Damit ist die Differenzierung auch bereits an ihren Grenzen angelangt. Der Eindruck von außen – denn fragen kann man ja nicht, ob ein solcher Eindruck stimmt – lässt für den Beobachter mitunter noch die Unterscheidung zu: Stress als Ausdruck von Unzufriedenheit, Schmerzen, Hunger oder Wut. Zufriedenheit kann ein Hinweis sein auf Geborgenheit, Sattsein oder allgemeines Wohlfühlen. Stress kann grundsätzlich abgeleitet werden von Schreien oder heftigen Bewegungen. Wohlbefinden findet man in Ruhe, wohligen Geräuschen, Lächeln oder koordinierten Bewegungen.

Auf der Basis des hier relevanten Kontextes kann man herleiten: Säuglinge reagieren sehr spontan und direkt auf ihr Umfeld (Menschen, Hunger, Umgebungsgeräusche) mit einer inneren Stellungnahme (Unmut oder Wohlbefinden) und äußern diese Beurteilung ohne Filter, auf die ihnen mögliche Art, ohne Zeitverzögerung oder langes Überlegen. Dies deckt sich mit dem Begriff des *bipolaren emotionalen Erlebens* von Schnellknecht (2007) sowie Petermann und Wiedebusch (2008).

Dabei findet eine stete Entwicklung in der Ausdrucksfähigkeit von Emotionen statt, die vor allem dann geäußert werden können, wenn die Kontaktpersonen und das Umfeld sie zulassen. Ob die nach außen vermittelten Gefühle dem inneren Entwicklungszustand entsprechen oder die innere Wahrnehmung vielleicht darüber hinausgeht und nur die Ausdrucksfähigkeit zunehmend erlernt wird, ist nicht darstellbar.

Petermann und Wiedebusch (2008) unterscheiden in der Entwicklung noch *primäre Emotionen*, die überwiegend im Kontakt mit den Eltern entwickelt werden, wie z. B. Interesse, Überraschung, Freude oder Unbehagen, Ärger und Traurigkeit, von *sekundären Emotionen*, die erst ab dem zweiten Lebensjahr entwickelt werden und aus den sozialen Beziehungen entstehen. Dazu gehören beispielhaft Stolz, Scham, Neid, Verlegenheit oder Empathie.

Nach Banerjee (1999) bildet sich dann ein Emotionsverständnis heraus, das zunächst im groben Verständnis von verbalen und nonverbalen Emotionsausdrücken (Lächeln, Gesichtsausdruck, Körperhaltung, Stimmfarbe) besteht, dem ein kognitives Verständnis von Gefühlen als innere, individuelle Zustände folgt, sodass sich dann die Fähigkeit zur Anwendung dieses Emotionsverständnises anwenden lässt.

Bereits ab dem dritten Lebensjahr lernen Kinder, bestimmte Situationen bestimmten Emotionen zuzuordnen und deren auslösende Wirkung zu erkennen. Weiterhin nimmt ständig das

Erfahrungswissen darüber zu, wie sich eigene Wünsche, Erwartungen, Überzeugungen und Bewertungen, Zurückweisung oder Anerkennung auf das Gefühlserleben auswirken.

Mit diesen Erfahrungen entwickeln sich zunehmend auch Regulationsstrategien im Umgang mit den Gefühlsinformationen. Petermann und Wiedebusch (2008) beschreiben unterschiedliche Formen der Regulationen: kognitive Regulationen durch Neubewertung der Situation, unterstützende Strategien durch elterliche Unterstützung (Sicherheitsbeschaffung), externale Ansätze durch direktes Ausdrücken der Gefühle oder Kompensation durch ausgleichende Elemente wie Spiele oder Sport.

Wer mehr Einzelheiten zu den angeschnittenen Erklärungsmodellen erfahren möchte, sei auf die umfangreiche Fachliteratur im Literaturverzeichnis verwiesen.

Diese Schlaglichter aus dem Bereich emotionaler Entwicklung lassen bereits erahnen, wie komplex sich die Entwicklung der Gefühlsebene darstellt, und wie unabdingbar eine solche Entwicklung mit allen Beziehungen zum Lebensumfeld verbunden ist. Wenn wir daran denken, dass in jeder Sekunde des Lebens Prozesse von Registrierung, Bewertung oder Einordnung in den bislang erlernten Speicher eingebracht werden, sind wir sehr froh darüber, dass unser Bewusstsein nur zu einem Bruchteil dieser Speicher Zugang besitzt. Denn dieses Archiv wäre absolut nicht überschaubar.

Aus einer anderen Perspektive allerdings verfügt man damit über einen Erfahrungspool, der nahezu unbegrenzt ist. All die vielen einzelnen emotionalen Bewertungen addieren sich zu einer gewaltigen Summe. Und hat man in einem solchen Archiv sich ähnelnde Erfahrungen 100-fach positiv bewertet, wird man sich bei Anlegen dieses Maßstabes, bei dem Zugriff auf den Erfahrungsschatz, ziemlich sicher sein können, dass die daraus resultierende Bewertung einer aktuellen Situation aus der eigenen Mitte auch verlässlich ist.

Dieser Erfahrungsschatz, das innere Archiv, die Zentrale der inneren Wahrnehmung, ist uneingeschränkt individuell. Deshalb gestaltet sich auch der Umgang mit Gefühlsinformationen bereits in der Säuglingsphase sehr unterschiedlich und widersteht auch so vehement zahlreichen Versuchen, emotionales Verhalten auf der Grundlage biochemischer Prozesse als Ablauf energetischer Fließgleichgewichte erklären zu wollen. Die Bewertung muss nicht gar so absolut ausfallen, wie es der Bildungstheoretiker Heinz-Joachim Heydorn ausdrückte: „Der Verfall der menschlichen Kategorie zur Biologie zeigt immer mehr den letzten Grad der Verkommenheit an." Es mag an dieser Stelle reichen, wenn wir diese Modelle als interessante Variante betrachten, wie man Gefühle aus einer solchen Perspektive auch als organische Korrelate beschreiben kann. Von Relevanz für unsere Betrachtungen sind diese Ergebnisse allerdings nicht.

Vielmehr gilt es festzuhalten: Auf teilbewusster Ebene wird ständig eine Beurteilung vorgenommen zwischen dem Umfeld, in dem wir uns befinden, allen Bezügen, die wir dazu haben, und dem eigenen „inneren Raum", dem eigenen inneren Ich. Vom Säuglingsalter an erleben wir uns eingebettet in ein Lebenssystem, das wir mitgestalten. Dabei beurteilen wir immerfort die Beziehung, die wir zu einem Erlebnis haben; die Palette der Urteile ist vielfältig:

„Das ist angenehm, das macht mich wütend, bewirkt Angst, löst Zufriedenheit aus, verursacht Fluchtreflexe, erzeugt tiefe Zustimmung, dem bin ich gewachsen, hier fühle ich mich überfordert, das mache ich mit Leichtigkeit, dieser Mensch ist mir sympathisch, die Arbeit unterfordert mich, das interessiert mich sehr, das stößt mich ab, hier langweile ich mich, das schnürt mir die Kehle zu, hier bin ich verloren, das ist der richtige Weg, damit habe ich gute Erfahrungen gemacht, ähnliche Probleme habe ich bereits gelöst, ich fühle mich ausgeliefert, hier bin ich an meinen Grenzen, das hat mich jetzt verletzt."

Und bei diesen Bewertungen handelt es sich nicht um kognitive Einordnungsprozesse – die folgen vielleicht später –, sondern sie werden als Gefühle erlebt: intensiv, eindringlich, zweifelsfrei, authentisch.

Nicht immer nimmt man diese Gefühlsinformationen zur Kenntnis. Erreichen diese Mitteilungen aber eine gewisse Intensität oder gewinnen an Bedeutung, weil sie sich oft wiederholen, geraten sie gemeinhin in den Fokus der Aufmerksamkeit und man beginnt damit, sie auf der kognitiven Ebene auszuwerten.

Im Folgenden finden Sie zur Verdeutlichung einige Beispiele.

## SCHULE

In der Schulzeit kann das so aussehen, dass man sich vor einer bestimmten Klassenarbeit fürchtet. Solche Aufregung ist sehr nützlich, denn um Sicherheit zu schaffen, wird der Lernstoff wiederholt oder vertieft oder überhaupt erst gelernt. Wird dann die Klausur gut benotet, speichert man die Erfahrung: Sorgfältiges Lernen ist eine gute Basis für eine gute Note. Das ist Motivation für die nächste Vorbereitung und schafft Vertrauen in die eigene Leistungsfähigkeit.

Verliert man sich aber in dem Gefühl der Furcht vor der Klassenarbeit und nimmt man es als Bestätigung für die eigene Unfähigkeit („Sonst würde ich mich jetzt ja nicht so mies fühlen"), verstärkt man es in selbsthypnotischer Form, was das Lernen noch behindert („Ich kann ja nicht lernen, ich fühle mich nicht gut") und das Ergebnis wird vermutlich nicht befriedigend sein. Das wiederum wird nun als Bestätigung genommen, mangelnde Leistungsfähigkeit zu beweisen.

Das Beispiel lässt erkennen: Eine innere Beurteilung, die Botschaft der inneren Wahrnehmung, löst einen Folgeprozess aus. Nimmt man den Informationsgehalt zum Anlass, die Bedingungen für die Klassenarbeit zu ändern, um Sicherheit aufzubauen, ist Bestätigung und Lob meistens die Folge. Verliert man sich in dem Gefühl, hat die Entscheidung andere Konsequenzen und das Archiv speichert eine andere Bewertung ab, die sich später bei ähnlichen Ereignissen wieder auswirken wird.

Ohne dieses kleine Ereignis überbewerten zu wollen, legen beide einen Grundstein für zukünftiges Verhalten und zukünftige innere Bewertungen. Je mehr Wiederholungen dann folgen, umso tragfähiger, stabiler oder auch hartnäckiger werden die inneren Überzeugungen sich gestalten.

Allgemein lässt sich sagen: Sie haben zum Thema „Klassenarbeit" einen inneren Bezug hergestellt. Die Information lautete: Du fürchtest Dich vor der Klassenarbeit. Die Auswertung über die Bedeutung dieses Hinweises führte zu dem Entschluss: Schaff dir Sicherheit, arbeite die unsicheren Stellen nach. Dann stimmt alles. Das Gefühl der Unsicherheit und die daraus hergeleiteten Konsequenzen haben also auf diese Weise zu einem sicher besseren Ergebnis geführt.

## PARTNERSUCHE

Sie haben sich nach dem Kontakt im Internet mit einer Frau verabredet, weil Sie nicht länger allein sein möchten. Das Treffen hat einen Vorlauf von einer Woche. Das ist Zeit genug, um vielleicht zum Friseur zu gehen und sich ein paar Gedanken zum Outfit zu machen. Nachdem alles erledigt ist, wird die Aufregung immer größer, je näher das Treffen rückt. Angst stellt sich ein, und Fragen über Fragen häufen sich, die unablässig ein Gedankenkarussell in Gang halten. Sie spüren das und halten inne.

Alles, was vorzubereiten war, ist getan. Das gilt für den äußeren Bereich. Aber innen spüren Sie: Da ist ein Gefühl, unbedingt punkten zu müssen, unbedingt gefallen zu wollen, unbedingt einen interessanten Gesprächsstoff liefern zu wollen, kurzum:

ein ungeheurer Druck hat sich aufgebaut, der Dame zu gefallen. Die Folge davon ist: Angst, Unsicherheit und Panik. Dann erinnern Sie sich: Es geht nur um ein Treffen, virtuell waren Sie sich sympathisch, mehr aber noch nicht. Sie wollen sich kennenlernen, aber zunächst völlig offen und unverbindlich. Passieren kann da nichts. Im ungünstigsten Falle trennen Sie sich: „Es hat mich gefreut, aber irgendwie passen wir doch nicht so gut zueinander." Bei einem günstigen Ausgang verabredet man sich ein weiteres Mal, um ein näheres Kennenlernen zu ermöglichen.

Wo also ist das Risiko? Es gibt kein Risiko. Das Treffen ist unverbindlich, vielleicht wird es interessant, man weiß es vorher nicht, aber eine Gefahr birgt es nicht, beide Beteiligten kommen und gehen ohne Gesichtsverlust. Das ist ein gutes Gefühl. Und nun kehrt wieder Sicherheit ein.

Eine andere Reaktion wäre, sich in dem Gefühl der Angst zu verlieren. Das Treffen stünde unter einem schlechten Stern. Denn entweder würden Sie sich vorab ein Gläschen Alkohol gönnen, um die Aufregung zu dämpfen. In diesem Fall würde die Alkoholfahne keinen besonders guten Eindruck machen und wäre vielleicht ein Grund zum Scheitern des Treffens. Oder aber Sie würden vor Aufregung und Angst kein wirklich vernünftiges Wort über die Lippen bringen. Das Rendezvous würde damit zu einer hilflosen Veranstaltung, auf der Sie sich deutlich unter Wert verkaufen.

Wieder zeigt sich, dass es wichtig ist, sich in Bezug zu setzen, die innere Wahrnehmung als Information zu nutzen und sein Verhalten daraufhin zu überprüfen, um das bestmögliche Ergebnis zu erhalten.

## ARBEITSALLTAG

Nach diesen überschaubaren Einzelsituationen macht es Sinn, sich einmal der Komplexität des Alltags zu widmen.

Der Arbeitstag beginnt meistens mit der Fahrt zur Arbeitsstelle, mit Bus, Bahn oder PKW. Nehmen wir einmal an, Sie säßen am Steuer eines PKWs. Nun könnten Sie diese Fahrzeit nutzen, um neben der Beobachtung des Verkehrs den einen oder anderen Gedanken zuzulassen, der einen ersten Überblick des zu Erwartenden ermöglicht. Oder Sie genießen es, in einem Auto zu sitzen mit Platz und Ruhe, wo andere dicht gedrängt in einem öffentlichen Verkehrsmittel die Hustenanfälle eines sehr eng stehenden Hintermannes ertragen müssen. Aber weit gefehlt! Sie trommeln mit den Fingern auf dem Lenkrad herum, schauen bei jedem Ampelstopp auf die Uhr, kleine Schweißperlen bilden sich bei jedem Stopp auf Ihrer Stirn. Es gehört wenig Fantasie dazu, um zu erkennen, dass Unruhe und Nervosität in Ihnen toben. Dann endlich ist das Ziel erreicht. Vom Parkplatz hasten Sie zum Eingang, laufen die Treppe hoch, um auf die Minute genau noch pünktlich die Stechuhr zu erreichen und sich einloggen zu können.

Am Schreibtisch angekommen, fühlen Sie sich erschöpft, obwohl der Tag doch gerade erst begonnen hat. Da halten Sie inne. Unruhe, Druck, Nervosität, Angst und ein inneres „Flattern" sind deutlich für Sie wahrzunehmen. Vor dem Auto fürchten Sie sich nicht, denn Sie sind ein sicherer und erfahrener Verkehrsteilnehmer. Die Arbeit macht Ihnen auch normalerweise keine Probleme, nichts gibt es, wovor man sich also fürchten müsste.

Dann fällt aber Ihr Blick auf die Uhr. Und es wird klar: Zeitdruck ist es, der Ihnen immer wieder solche Probleme bereitet! Kommt er von außen oder kommt er von innen? Die Arbeitszeit steht fest und ist auch immer gleich. Aber immer stehen Sie erst in wirklich allerletzter Minute auf, für ein Frühstück reicht das ohnehin nicht mehr, und wenn Sie ehrlich sind, bringen die letzten zwanzig Minuten im Bett auch nicht die Erholung, die Sie sich vielleicht davon erhofft haben. Außerdem kann man Schlafenszeit verlängern, indem man früher sein Bett aufsucht und Ruhe findet. In Gedanken spielen Sie das einmal durch. Und es stimmt: Wenn Sie zwanzig Minuten früher aufstehen, erreichen Sie Ihren Arbeitsplatz gelassener, sicherer, ohne Stress und ohne Druck. Das ist ein gutes Gefühl!

Eine Änderung im Verhalten schafft sofort und dauerhaft Abhilfe. So einfach kann das sein.

Das andere Szenario gestaltet sich so: Sie verlieren sich in dem Gefühl, gleiten ab in Selbstmitleid und in die Rolle eines Menschen, der einem solchen Stress hilflos ausgeliefert ist. Das verstärkt die Symptomatik und der Blutdruck steigt. Ändern tut das alles nichts, außer dass auf Dauer kein Körper ohne Folgen solche Bedingungen verarbeiten kann. Herzinfarkt und Schlaganfall lassen schon einmal aus der Ferne grüßen.

Wieder lautet die Voraussetzung, um Veränderungen einzuleiten: Die innere Wahrnehmung mit Druck, Angst, Stress und Unruhe muss bemerkt und auch beachtet werden. Denn auch Symptome wie Schwitzen, Herzklopfen, Atemnot oder ein inneres Zittern verlieren durch Gewöhnung an Aufmerksamkeit. Der zweite Schritt erfordert es, Hintergründe zu erkennen und sie dann auch zu ändern. Erkenntnis allein nutzt wie immer nichts, erst Änderung bringt den Gewinn.

Wer sich in Bezug setzt zu seinem Tun, die innere Wahrnehmung nutzt, und dann danach handelt, bleibt in Beziehung zu sich selbst und auf einem gesunden Weg.

Es gibt zahllose Möglichkeiten, Spannungsfelder am Arbeitsplatz zu entdecken und dies für sich zu nutzen.

Auf Ihrem Schreibtisch stapeln sich die Akten, zu viel für einen Tag. Ihnen wird angst und bange, Ihr Puls steigt bereits und ein wenig schnürt es ihnen die Kehle zu bei dem Gedanken, dass die Arbeitszeit nicht reichen wird. Erste Schuldgefühle tauchen auf und die Frage, ob Sie überhaupt der Richtige für diese Aufgaben und diesen Arbeitsplatz sind.

Dann halten Sie inne. Und Sie schauen sich die Akten einmal genauer an. Da fällt Ihnen sehr schnell auf, dass ein Teil davon – ein gutes Drittel – gar nicht in Ihr Gebiet fällt. Offenbar hat Ihr Kollege die einfach bei Ihnen abgelegt, ohne Sie zu fragen. Wut steigt in Ihnen auf. Dann aber nehmen Sie die Unterlagen, gehen zu dem Kollegen und weisen ihn höflich, aber auch bestimmt darauf hin, dass diese Akten wohl aus Versehen auf Ihrem Platz gelandet sind. Der Kollege ist verblüfft, ein wenig sprachlos, aber Widerreden hören Sie nicht.

Eine weitere Reaktionsmöglichkeit bestünde darin, sich eine Übersicht zu verschaffen, in welcher chronologischen Reihenfolge die Unterlagen abzuarbeiten sind. Das schafft Luft und Sie gewinnen wieder Orientierung. An dritter Stelle steht, dass die

Arbeit so wirklich nicht zu schaffen ist, die Arbeitszeit und das menschliche Leistungsvermögen sind nun einmal begrenzt. Bei einmaligem Vorkommen lässt sich das verkraften. Erhalten oder registrieren Sie solche Informationen aber dauerhaft, ist ein Gespräch mit einem Vorgesetzten erforderlich. Denn es ist schließlich niemandem damit gedient, wenn die Arbeitskraft aufgrund ständiger Überlastung durch ein Burn-out-Syndrom über Monate gefährdet ist oder schließlich gar nicht mehr zur Verfügung steht.

Ihre angemessenen Reaktionsmöglichkeiten lauten ohne Zweifel: Informationen aus der inneren Mitte spüren, nutzen, analysieren, Änderungen planen und einleiten. Denn das hält gesund.

Der schädliche Weg wäre, die Zeichen zu missachten, sich nicht zu ihnen in Bezug zu setzen, den ungleichen Kampf täglich auf das Neue anzunehmen und sich vom Arzt Tabletten zum Durchhalten verordnen zu lassen.

### BESTEHENDE PARTNERSCHAFT

Auf der Beziehungsebene im Zusammenleben mit dem Partner wechseln sich angenehme und unangenehme Tage meistens in irgendeiner Weise ab. Man kann nicht immer nur glücklich sein und lachen. Das steht außer Frage. Und Streit klärt häufig auch die Fronten, man weiß wieder, wie wertvoll die Beziehung für das eigene Leben ist.

Spürt man aber beim Einparken vor der gemeinsamen Wohnung ein leichtes Unbehagen, einen Druck in der Magengegend oder ein flaues Gefühl, das sich beim Betreten des Hauses noch verstärkt und zusätzlich einer Beklemmung Raum gibt, wenn man den Lebenspartner begrüßt? Dann wird es Zeit, den Mitteilungen der inneren Wahrnehmung mehr Aufmerksamkeit zu schenken für das, was sie Ihnen seit Wochen schon zu sagen versuchen.

Halten Sie einmal inne. Was lösen die unguten Gefühle in Ihnen aus. Fehlt es Ihnen an etwas? Haben Sie zu wenig Sex? Haben Sie aus irgendeinem Grund Schuldgefühle oder ein schlechtes Gewissen? Denken Sie über eine Trennung nach? Sie werden ganz sicher den Gefühlen die Information entnehmen können, die wichtig für Sie ist, wenn Sie sich auf eine Beziehung zu ihnen einlassen. Und dann gilt es, den Mut aufzubringen und nach Möglichkeiten für Änderungen zu suchen. Ob Sie das allein machen wollen oder therapeutische Begleitung suchen, das hängt sicher auch von den Gesprächen ab, die Sie dann mit Ihrem Partner führen.

Das Prinzip kennen Sie nun bereits.

Wenig hilfreich wäre es, die Botschaften des inneren Informationsdienstes weiter zu überhören und sich taub zu stellen, um nicht handeln zu müssen. Denn ein solches dauerhaftes Spannungsfeld verschlechtert sich durch Nichtbeachtung, führt zu weiteren Missverständnissen mit dem Lebenspartner, beeinträchtigt das Wohlbefinden und die Arbeitsleistung und führt sicher in die Depression.

### KÖRPER UND SEELE VEREINEN

Aus allen Beispielen wird deutlich, von welcher Bedeutung die Mitteilungen aus dem Bereich der inneren Wahrnehmung für eine positive Lebensgestaltung sind.

Das ließ sich auch in einer umfangreichen Untersuchung an der Universität Essen an über 20 000 Patienten nachweisen. „Wir fördern die Fähigkeit der Menschen zur Achtsamkeit sich selbst gegenüber" beschrieb Anna Paul vom Institut. Es zeigte sich, dass die so ermunterten Patienten signifikant vitaler waren und der Medikamentenverbrauch deutlich sank. Wobei es sich bei den Patienten um Menschen mit völlig unterschiedlichen Erkrankungen handelte wie Krebs, rheumatische Veränderungen, Herzerkrankungen oder Migräne. „Die Menschen müssen ihre eigenen Bedürfnisse wieder wahrnehmen können."

Auch für die körperliche Gesundheit sind diese Beziehungen zwischen Körper und Seele von erheblicher Bedeutung. Die Fähigkeit, Informationen aus dem emotionalen Zentrum zu erhalten, ist nach allen vorliegenden Untersuchungen jedem Menschen zugänglich. Allerdings ist diese Gefühlswahrnehmung, wie bereits erläutert wurde, vom ersten Lebenstag an zahlreichen Einflüssen unterworfen, die Veränderungen bewirken können. Es findet eine kontinuierliche Entwicklung, Anpassung und Überprüfung statt.

Festzuhalten bleibt, dass die innere Emotionszentrale, unser Gefühlsbewertungssystem, von Geburt an kontinuierlich, absolut umfassend und lückenlos aufgebaut und ausgebaut wird. Es ist dabei nicht wesentlich, welche Teile davon jeweils in unser Bewusstsein gelangen. Das Archiv wird auch ohne bewusste Aufmerksamkeit in jedem Moment unseres Lebens erweitert und gepflegt. Es wäre ein absolut aussichtsloses Unterfangen, wollte man die unbegrenzt vielfältigen Einflüsse und Zusammenhänge analysieren oder darstellen. Das ist auch nicht erforderlich, wenn man das eigene System im Alltag nutzen will, um ein authentisches und positives Leben zu gestalten. Denn das Ergebnis (die innere Stellungnahme) ist ja stets verfügbar. Das Sortieren übernimmt sehr zuverlässig das „Unbewusste".

In gleicher Weise, wie sich Veränderungen beim Ausbau dieses in seinen Dimensionen kaum vorstellbaren inneren Netzwerkes vollziehen, findet parallel eine andere Entwicklung statt, die von signifikanter Bedeutung ist: Die Intensität der Aufmerksamkeit für das eigene Wahrnehmungssystem und der Umgang mit dessen Informationen unterliegen einem umfangreichen Wandel.

Wie bereits dargestellt werden konnte, äußern Säuglinge ihre Bedürfnisse direkt aus dem Wahrnehmungssystem Gefühl: Ich spüre einen leeren Magen, fühle mich unwohl und leer, also teile ich das mit und schreie, weil ich es ändern möchte.

Oder: Ich brauche dringend Beachtung, denn mein Gefühl vermittelt mir Einsamkeit, und das macht mir Angst, also schreie ich, damit ich Zuwendung bekomme und ich mich wieder wohl und sicher fühle.

Oder: Es ist ein sehr unangenehmes Gefühl, in einer nassen Windel zu liegen, das teile ich sofort mit und schreie, damit ich wieder in eine trockene und warme Windelhose komme.

Die Bedürfnisse eines Säuglings sind nach unserem Kenntnisstand sehr überschaubar. Das spielt in unserem Kontext aber zunächst keine Rolle.

Von Bedeutung ist: Der Säugling spürt etwas und nimmt dieses Gefühl sofort und ohne Filter zum Anlass, dies der Umwelt lautstark mitzuteilen.

Das Leben gestaltet sich dann mit jedem Tag komplexer und die Wahrnehmung auch. Der kleine Mensch erfährt, dass nicht alle Gefühle der unangenehmen Art sofort abgestellt werden können, und dass das Gefühl von Stimmigkeit und Wohlfühlen nicht ohne Unterbrechung anhält. Daneben tauchen ständig neue Eindrücke und Angebote auf, die seine Aufmerksamkeit auf sich ziehen und so den Fokus verändern. So kommt es zunehmend vor, dass die nasse Windel oder der Hunger nicht oder erst viel später zur Kenntnis genommen werden, weil gerade etwas Spannendes im direkten Umfeld passiert, ein Hund bellt oder es viel Spaß bereitet, nach dem Spielzeug über dem Kopf zu greifen.

Wird der Fokus der Aufmerksamkeit konzentriert und offen nach außen gerichtet, gerät die innere Aufmerksamkeit in die Peripherie oder gänzlich aus dem Blickfeld. Es tritt in der Folge eine zeitliche Verzögerung von innerer Wahrnehmung und Nutzung der Information ein.

Recht zügig lernen Säuglinge und Kleinkinder dann, dass nicht jedes gefühlte Bedürfnis erfüllt werden kann oder den Mitmenschen im Umfeld Freude bereitet. Es erfolgt dann entweder keine Wunscherfüllung oder bei permanentem Schreien auch die eine oder andere Unmutsreaktion. Und es wächst die Erkenntnis, dass es mitunter vorteilhafter sein kann, auf emotionale Äußerungen zu verzichten, wenn damit unangenehme Reaktionen verbunden sind. So werden erste Filter eingeschaltet und der Umgang mit den gefühlten Botschaften aus der inneren Wahrnehmung verändert sich weiter.

Die Zahl dieser Filter erhöht sich ständig im Umgang mit anderen Menschen und damit auch im Umgang mit sich selbst. So kann es passieren, dass manche Gefühle mit Scham besetzt werden, aus welchen Gründen auch immer. Solche Botschaften aus dem inneren Zentrum wird man nach einiger Zeit mit einem Bann belegen, sie also ausblenden wollen aus der Wahrnehmungsliste. Oder es werden Gefühle spürbar, die unerfüllbare Wünsche immer wieder in den Fokus der Wahrnehmung bringen. Solche Gefühle kann man unterdrücken, „verdrängen" nennen das dann die Psychoanalytiker. In beiden Fällen bleiben diese Gefühle im nichtbewussten Bereich, und dort wirken sie sich natürlich auch aus, aber sie gelangen nur selten oder gar nicht mehr in das Bewusstsein.

Verdrängen oder Ausblenden hält die gefühlten Informationen zwar vom Bewusstsein fern, wirksam bleiben sie aber trotzdem. Deshalb ist ein solcher Umgang mit ihnen nicht ohne Gefahren, weil man vorhandene Informationen nicht mehr verfügbar hat und so einen Teil der Orientierung verliert.

Eine Entwicklung im Umgang mit seinen Gefühlen kann also darin münden, sich eine Beschränkung in der Wahrnehmung aufzuerlegen, so aber auch einen Teil der Orientierung zu verlieren, denn im Unbewussten wirken sich die verdrängten Gefühle weiter aus im Gesamtbefinden oder auf der Handlungsebene, nur dass sie nicht mehr zugänglich und damit verstehbar sind.

Mitunter können diese Regulationsmechanismen so weit gehen, dass man sich komplett von seiner inneren Wahrnehmung abkoppelt und den Zugang gänzlich verliert. Dann wird man sich selbst sehr fremd und hat auch keinen Bezug mehr zur Welt. Ein anonymer Internetforums-Besucher (2012) beschrieb das einmal mit folgenden Worten so:

„Es ist seit knapp einem Monat so, dass ich mich so fühle, dass ich nicht ich selbst bin.

Ich denke sehr viel nach. Erklärt mich für verrückt, aber man könnte auch sagen, ich rede mit mir selbst im Kopf. Es ist so, als wäre ich von allem „verschlossen", wenn ich mich im Spiegel sehe, realisiere ich nicht wirklich, dass ich das bin. Ich komme mir so fremd vor. Das ist mir schon einmal passiert im letzten Sommer. Da stand ich in der Küche und dachte so: Was ist los? Träume ich? Das ging dann aber weg. Als es aber vor 4 Wochen wiederkam, hab ich mir Sorgen gemacht. Ich versuche, es zu ignorieren. Das klappt aber nicht, es zu akzeptieren ändert wenig. Ich versuche alles, nur ich weiß nicht weiter."

Es ist auch möglich, aufkommenden Gefühlen mit Ersatzhandlungen zu begegnen. So kann man sein Bedürfnis nach Nähe oder Zärtlichkeit zum Beispiel durch intensive sportliche Betätigung zu kompensieren suchen. Irgendwann kommt aber der Zeitpunkt, wo das Wissen um den Hintergrund verloren geht, körperliche Betätigung zum Mittelpunkt des Lebens wird, immer mehr, immer höher, immer weiter, immer waghalsiger. Dennoch erreicht man so sein ursprüngliches Ziel nur immer schwerer oder gar nicht mehr: die zärtliche Beziehung oder Zweisamkeit. Denn der Sport lässt keine Zeit mehr dafür.

Einigen Gefühlen versucht man auch durch Kampf zu begegnen. Einen solchen Kampf kann man allerdings nicht gewinnen, man verliert ihn immer. Mit jedem Einsatz, den man bringt, wächst der „Gegner" in selbiger Weise. Vergleichbar mit dem Bild der Hydra, der nach dem Abschlagen des einen Kopfes sogleich zwei neue wachsen.

Es gäbe noch ziemlich unbegrenzte Perspektiven, die eine Entwicklung im Umgang mit den Emotionen spiegeln könnten. Die Regulation der Gefühlswahrnehmung wird aber im folgenden Kapitel detaillierter dargestellt, sodass die Beispiele an dieser Stelle reichen mögen. Es wird recht deutlich, wie unterschiedlich, wie nützlich oder wie schädlich für das seelische oder körperliche Befinden sich die Auswertung der Gefühlsbotschaften, der Nachrichten aus der inneren Wahrnehmung, gestalten kann.

Aber gänzlich unabhängig von allen Regulationsmechanismen, die man für sich in Anspruch nehmen kann oder eben nicht, ist es nur sehr schwer oder gar nicht möglich, sich den beiden mächtigsten Widersachern im angemessenen Umgang mit der inneren Wahrnehmung zu entziehen: dem **Multitasking** und der **Beschleunigung**! Denn diese beiden Einflüsse sind derweil in allen Lebensbereichen zu alltäglichen Begleitern geworden.

**Multitasking** begegnet einem überall, selbst beim Einkaufen. Da ist zunächst einmal ihre Einkaufsliste, die Ihre Aufmerksamkeit fordert. Im Laden sind dann unzählige optische Hinweise aufdringlicher Art auf Sonderangebote, im Hintergrund läuft ohne Unterlass Musik, immer wieder meldet der Lautsprecher zusätzlich die tollsten Schnäppchen, die es unbedingt zu kaufen gilt, das Kind an Ihrer Hand möchte dringend Ihre Aufmerksamkeit auf seinen Bedarf an Süßigkeiten richten, und bei alledem müssen Sie dann auch noch Ihr finanzielles Budget für diese Woche im Auge behalten, nicht zu vergessen den Zeitrahmen, der Ihnen für den Einkauf zur Verfügung steht.

Damit müssen Sie mindestens sieben Anforderungen gleichzeitig bedienen: Multitasking vom Feinsten in einem noch sehr banalen Lebensbereich. Die Appelle an ihre Aufmerksamkeit lassen sich im beruflichen Umfeld sicher noch eindrucksvoller darstellen, wenn Sie Ihren Fokus einmal darauf richten.

Wo bleibt da auch nur eine Sekunde Zeit, um innezuhalten, sich selbst wahrzunehmen und innere Stellungnahmen zu erspüren?

Der Begriff „Akzeleration" ist aus der Physik entlehnt und bedeutet dort „**Beschleunigung**". Inzwischen hat er auch im sozialen Bereich Einzug gehalten und bezieht sich auf das mörderische Tempo unseres Alltagslebens und die kaum noch nachvollziehbar kurze Halbwertzeit von Werten, Maßstäben, Richtlinien, Computern, Software oder Anforderungsprofilen in allen Lebensbereichen. Schuljahre werden verkürzt, Studiengänge um Semester zusammengestrichen, beides bei gleichen oder noch höheren

Leistungsanforderungen. Immer früher müssen Kinder in die Tagesstätten, um möglichst zeitig möglichst viele „soziale Kompetenzen" zu entwickeln, am besten noch gleich mehrsprachig.

Wer seinen Computer am Arbeitsplatz bedienen muss, wird spätestens nach einem Jahr die Software erneuern oder elementar updaten müssen, weil sonst einige Programme nicht mehr laufen, immer wieder neu, immer wieder anders. Die Lehrenden an den Schulen können kaum noch alle Verordnungen umsetzen, die halbjährlich aus dem Ministerium angeordnet werden. An den Hochschulen müssen Studiengänge wie bei der Einführung der Bachelor- und Masterstudiengrade durchgeführt werden, bevor man sich über die Inhalte geeinigt hat. Steuerberater schaffen es bestenfalls noch mit komplettem Arbeitseinsatz auch an Wochenenden, allen zusätzlichen Forderungen des Gesetzgebers und der Finanzbehörden gerecht zu werden.

Die Reihe ließe sich beliebig fortsetzen. Und unabhängig von der Frage nach dem Sinn – wem nützt das eigentlich alles? – stellen sich folgende Fragen:

Wo bleibt die Zeit, um
- sich in Bezug zu setzen zum eigenen Tun?
- zum Erleben des *Ich* im Umfeld?
- zur Nutzung der inneren Wahrnehmung, um Orientierung und Sicherheit in seinem Leben zu behalten?

Genau diese Zeit fehlt im Umgang mit der emotionalen Wahrnehmung, die doch so früh und umfangreich sehr wichtige Informationen sichtet, sammelt und dann zur Verfügung stellt. Aber wer kann sie unter solchen Bedingungen noch nutzen?

Die Konsequenz ist klar und für viele Menschen unausweichlich: Man verliert den Bezug, zu seinen Sinnen und zu sich.

*Die Konsequenz ist das Lost-Sense-Syndrom.*

# GEFÜHLSREGULATION

Zu allen Zeiten haben sich Menschen mit der Gefühlsregulation auseinandergesetzt. Diese Form der Kontrolle im Umgang mit den Emotionen wurde je nach politischem und sozialem Hintergrund häufig durch Verbote „geregelt", in eine Tabuzone verschoben oder ganz negiert, soweit es sich um unerwünschte oder unerlaubte Empfindungen handelte. Häufig waren davon sexuelles Begehren oder der gesamte Bereich der körperlichen Lust betroffen. Dieser Umgang wurde der individuellen Regulation für eigene Gefühle nicht wirklich gerecht.

Die Griechen haben in der Antike dafür andere Wege gewählt, die mehr auf Bedürfnisse und Auswahl durch das Individuum ausgerichtet waren. Es waren dort die Philosophen, die Richtlinien zur Beurteilung und zum Umgang mit Gefühlen zwar vorgaben, aber dem Einzelnen die Entscheidung überließen, welche Auswahl er zu treffen wünschte. Vor die direkte Umsetzung von gefühlten Wünschen und Bedürfnissen wurden kognitive Prozesse geschaltet: Fragen, die man sich selbst stellte, z. B.:

- „Ist es jetzt der rechte Zeitpunkt?"
- „Welche Konsequenzen sind zu erwarten?"
- „Komme ich meinen Wünschen damit nach?"

So fand eine Art von Selbstüberprüfung statt, die die Umsetzbarkeit gefühlter Informationen im Alltag ausloten sollte. Diese Art der Gefühlsregulation hat sich aus der Antike bis in unsere Zeit sehr bewährt.

## PSYCHOLOGISCHE STRATEGIEN STATT PSYCHOPHARMAKA

Auf der Suche nach emotionalen Regulationsmechanismen sind Wissenschaftler in unserem Jahrhundert intensiv mit biochemischen Erklärungsversuchen beschäftigt. Zahllose bildgebende Verfahren befinden sich im Einsatz, um Licht in die Gefühle, „den letzten dunklen Kontinent, den es zu entdecken gilt" (Ute Frevert, ZEIT online, 2012) zu bringen.

Die Autorin kritisiert diese Ansätze im selben Artikel nachvollziehbar klar:

„Aber mit jeder experimentellen Anordnung ist notwendigerweise Reduktion verbunden: Man isoliert bestimmte Faktoren und Variablen, um ihre Wirkungen und Zusammenhänge umso genauer prüfen zu können. Was dabei verloren geht, ist erstens Komplexität, zweitens Einbettung, drittens Differenzierung. Dass es unendlich viele und feine Abstufungen gibt … diese Erkenntnis ist der modernen experimentellen Psychologie weitgehend verloren gegangen."

Außerdem liefern solche Untersuchungen stets nur Abbilder von Vorgängen, die parallel mit Emotionen auftreten, keinesfalls sollte man aber daraus herleiten, diese biochemischen Prozesse *seien* die Gefühle.

Weltweit verbreitet sind inzwischen unzählige Medikamente im Einsatz, die Gefühle regulieren sollen: Psychopharmaka. Die Umsätze der herstellenden Konzerne liegen im Milliardenbereich.

Über Sinn oder Unsinn dieser Medikamente liegt umfangreiche Literatur für den interessierten Leser vor. Und sicher macht ihr Einsatz in bestimmten Gebieten einen Sinn. Ebenso sicher ist allerdings auch, dass *Psychopharmaka Gefühle nicht wirklich regulieren.* Sie *verändern ihre Wahrnehmung* auf eine kaum vorhersehbare Art und Weise, modulieren sie allenfalls.

Denn derartige Substanzen verändern nicht nur die Tiefen, also nicht nur die traurigen und schweren Gefühle. Sie beeinflussen auf ähnliche Weise auch die Spitzen, also die freudigen, schönen, klaren Wahrnehmungen. Betrachtet man Regulation im ursprünglichen Sinn für diesen Gefühlskontext als Steuerung menschlichen Handelns in Abstimmung mit Informationen aus dem eigenen inneren Ich, bewirken Psychopharmaka genau das Gegenteil. Wer kann diese Steuerung vornehmen, wenn die Informationen, die der Orientierung dienen, verändert, abgekoppelt oder gar nicht mehr wahrgenommen werden können? Vor diesem Hintergrund verstärken Psychopharmaka eine ohnehin beeinträchtigte Wahrnehmung und leisten weiterer Verfremdung damit unkalkulierbaren Vorschub.

Von großem Wert beim Umgang mit Gefühlen, ihrer Nutzung für ein stimmiges Gestalten seines Lebensumfeldes und damit zur Regulation sind aber *psychologische Strategien.*

### ACHTSAMKEIT

Unter diesem Begriff versteht man in diesem Zusammenhang die bewusste Wahrnehmung seiner Gefühle. Gemeint ist damit nicht ein Sich-Verlieren in ihnen, sondern vielmehr ein gleichsam registratives Betrachten. Das schafft bereits eine gewisse Distanz, die hilfreich im Umgang damit ist. Man macht sich bewusst, dass man seine Gedanken denkt und seine Gefühle fühlt, aber eben nicht allein Gedanken und Gefühle *ist.*

Wahrnehmen kann man auf dieser Basis die Emotionen entweder direkt oder über Körperorgane, die mit ihren Veränderungen wie Druck im Bauch, erschwerte Atmung, Wärmegefühl oder Muskelanspannung deutlich werden. Der Körper gibt nahezu immer parallel zu den Gefühlen eigene Signale. Bei der Achtsamkeitsübung herrscht also das Prinzip der aktiven Bewusstmachung.

Die Technik ist leicht erlernbar. Es gibt umfangreiche Literatur, und in nahezu allen Volkshochschulen werden Kurse angeboten, die den Zugang erleichtern. Allerdings lässt sich Achtsamkeit auch ohne jeden Kurs und jede Anleitung trainieren. So kann man sich für einen Moment der Achtsamkeit für kurze Zeit aus seiner Umwelt „ausklinken", die Augen schließen und mit der Frage „Wie fühle ich mich gerade?" oder „Welche Signale sendet mir mein Körper, und wie übersetze ich die?" einen *Körpergefühls-Scan* starten oder direkt Gefühle registrieren. Durch dieses Vorgehen betrachtet man die hochkommenden Botschaften als Informationen, die es dann zu ver- oder bearbeiten gilt.

Wie Forschungsarbeiten an der Universität in Zürich aus dem Jahre 2010 (Tobias Maximilian Glück) belegen, werden durch Achtsamkeitstraining nicht nur überschießende oder unkontrollierte Spontanreaktionen vermieden, vielmehr werden die Gefühle auch bereits in der Intensität gedämpft und abgeschwächt. Bei angenehmen Emotionen ist das sicher nicht erwünscht, aber ja auch nicht nötig. Unangenehme Gefühle wie Angst oder Stress werden auf diese Weise aber bereits abgebaut.

In bildgebenden Verfahren konnte das als organisches Korrelat bestätigt werden, indem sich in der Mandelkernregion, der Steuerzentrale emotionaler Erregung, die Aktivität vermindert darstellte, während die Mittellinienregionen des Stirnhirnes, eine Art Kontrollinstanz für Gefühle, aktiver aufgefunden wurden.

Bei sehr ausgeprägten Angststörungen oder schweren depressiven Störungen ist im Umgang mit der Achtsamkeit Vorsicht geboten, damit nicht durch die bewusste Wahrnehmung eine weitere Fokussierung und damit eine Verstärkung der Gefühle erfolgen sollte.

Die Achtsamkeitsübungen zur Gefühlsregulation sind auch in Zeiten, in denen man sich wohl und ausgeglichen fühlt, hilfreich und sinnvoll. Denn nur durch Übung lässt sich auch auf diesem Gebiet jene Sicherheit erzielen, die man benötigt, um in Stresszonen oder bei Spannungsfeldern davon zu profitieren.

## AKZEPTANZ

Unter diesem Begriff versteht man eine Bereitschaft und Offenheit, ein Hinnehmen, eine Resignation im positiven Sinn: „Es ist, wie es ist, und ich kann es im Moment nicht ändern." Aus diesem Grundsatz hat sich ein Therapieansatz entwickelt, die Acceptance and Commitment Therapy (ACT). In unserem Zusammenhang gilt es aber, die Emotionsregulation zu betrachten und die Möglichkeiten, die jedem dabei zur Verfügung stehen.

Akzeptanz eines als unangenehm oder beängstigend empfundenen Gefühls hat direkt zur Folge, dass ein Freiraum entsteht, der vorher häufig von den Kampfstrategien im Umgang mit ihnen eingenommen wurde. Der Kampf gegen eine Emotion erhöht deren Wert, vermehrt ihren Einfluss, erfordert ein hohes Maß an Aufmerksamkeit und wirkt wie eine Fessel, die eine Suche nach Lösungen oder Auswegen verhindert. Der Fokus der Aufmerksamkeit richtet sich „gegen" das Gefühl und damit auch gegen den Empfindenden. Auf diese Weise werden die Aussichtslosigkeit und die negativen Auswirkungen erkennbar.

Das Hinnehmen und Akzeptieren eines Gefühls als momentane Gegebenheit lässt dagegen zunächst einmal Ruhe einkehren und gewährt Zeit zum Durchatmen. Resignation bedeutet in diesem Zusammenhang allein, in positiver Weise die Waffen zu strecken und den Kampf aufzugeben. Es bedeutet in keiner Weise, den Hintergrund für die erhaltenen Informationen *nicht* zu ändern und Entscheidungen auf diesem Weg zu treffen. Nur wird keine Zeit mehr auf anderen „Baustellen" vergeudet. Mit ein wenig Distanz, ein wenig Ruhe, ein wenig Zeit und der Hilfe der Vernunft lassen sich Lösungen sehr viel entspannter und angemessener finden als im Kampfgetümmel gegen die eigene innere Wahrnehmung. Und es lässt sich deutlich klarer verstehen, dass die erhaltenen emotionalen Informationen nicht schädlich sind, sondern Hinweise darauf, sich mit einem Feld zu beschäftigen, das nicht den eigenen Maßstäben gerecht bearbeitet worden ist.

Als Regulationsinstrument für Gefühle leistet Akzeptanz einen wirkungsvollen Beitrag zur Entdynamisierung, erweitert den Handlungsspielraum und verhindert übereilte Fehlentscheidungen. Zusätzlich wird über diese Herangehensweise an ein Gefühl auch dessen Modulation eingeleitet, denn es verändert sich bereits, während man es annimmt, und wird milder erlebt, weniger intensiv oder weniger bedrohlich. Das wiederum erleichtert den Umgang mit den Informationen und macht aus mehr Distanz Lösungsstrategien wahrscheinlicher.

Es sei an dieser Stelle noch einmal ausdrücklich betont, dass es bei der Darstellung dieser wie auch der folgenden Regulationsmechanismen nicht um primär therapeutische Interventionsmöglichkeiten geht, sondern vielmehr um praktische Umgangsmöglichkeiten im Alltag. Sie sind eine unverzichtbare Hilfe, um den Kontakt zum Ich zu behalten, um das eigene System der inneren Wahrnehmung zu nutzen, um gleichsam „bei sich" zu bleiben und sich am eigenen inneren Kompass auszurichten.

## KOGNITIVE KONTROLLE

In weiten Bereichen des alltäglichen Erlebens ist es möglich und sehr hilfreich, einen rationalen Bezug zum erlebten Gefühl herzustellen. Lässt sich eine kognitive Zuordnung treffen, erhält man direkten Zugang zu seiner inneren Orientierung, nimmt die Bewertung seiner Gefühle zur Kenntnis und trifft seine Entscheidung im Umgang mit dieser Information.

➡ Ein Beispiel: Sie spüren eine Riesenwut im Bauch, erinnern sich daran, dass Ihr Chef gerade absolut ungerecht und inkompetent reagiert hat, und wissen: dieser Mann hat keinerlei Führungsqualitäten. Die Beziehungen sind also klar. Nun können Sie diverse Handlungsabläufe gedanklich durchspielen: Sie könnten zurückbrüllen, kündigen, auf Rache sinnen, die vermeintliche eigene Inkompetenz akzeptieren und sich selbst abwerten, Beweisstrategien für das Gegenteil entwerfen – oder Sie gehen gelassen weiter Ihrer Arbeit nach in dem Wissen, dass Ihr Chef offensichtlich ein ziemliches Problem hat, und dass Sie nicht gerne mit ihm tauschen möchten.

Die Wahl der Handlungsstrategie bestimmt die weiteren Gefühle. Von entscheidender Bedeutung ist, dass man zunächst die eigene innere Bewertung spürt, sie rational zuordnen und damit Sicherheit schaffen kann, und dass man dann in der Lage ist, den

Umgang damit klar und angemessen zu gestalten. Zusätzlich ist es meistens sinnvoll, einige Zeit bis zum Handeln verstreichen zu lassen, weil sich manches Gefühl auch mit der Zeit deutlich relativiert.

Mitunter sind Gefühle sehr intensiv und der kognitiven Kontrolle schwer zugänglich, Ängste zum Beispiel, Panikattacken oder Depressionen. Hier ist zunächst einmal Akzeptanz gefragt: Dieser Zustand ist jetzt nun einmal so. Dann allerdings kann im Anschluss strategisch wichtig und klar die Einsicht folgen: „Eines ist für mich jetzt wichtig zu wissen, und das weiß ich verlässlich aus Erfahrung: dieses Gefühl der Angst geht immer wieder vorbei." So entsteht ein Handlungsspielraum, die Angst verliert ihren Schrecken und man kann zwar nicht in Ruhe, aber mit weniger Panik wählen, wie und wo man die Zeit verbringen möchte, bis eine Besserung eintritt.

Bei spontanen Wünschen und Bedürfnissen ist eine kognitive Kontrolle unabdingbar. Wer gerade Lust verspürt, aus der Bäckerei gegenüber die köstlichen Pralinen zu probieren und über die finanziellen Mittel nicht verfügt, tut gut daran, dieses Bedürfnis klein zu halten anstelle eines Diebstahls mit fatalen Folgen. Auch das Begehren der Nachbarin, die glücklich verheiratet ist, registriert man besser als eben spürbares Bedürfnis, ohne es sogleich in der Praxis tatkräftig umzusetzen. Man nimmt es also wahr, freut sich vielleicht über die innere Lebendigkeit dieses Gefühls, verzichtet aber auf die Umsetzung.

Rationale Kontrolle ist ein unverzichtbares Instrument zur Gefühlsregulation. Denn vor allem auf diesem Wege kann geprüft und gesichert werden, dass gefühlte Informationen oder emotionale Bezüge im Alltag authentisch, aber auch passgenau einzusetzen sind. Das soziale Umfeld und eigene Grundsätze setzen dabei manche Grenze, die mit zu berücksichtigen ist.

## ERKENNEN UND BENENNEN

Achtsamkeit und Akzeptanz sind die Grundlage, seinen Emotionen einen adäquaten Wahrnehmungsrahmen einzuräumen. Allerdings gilt es auch, diese Informationen dann zu nutzen, um psychische und somatische Stabilität durch angemessenes Änderungsverhalten oder angepasste Maßnahmen zu erreichen. Dies ist nur möglich, wenn man seine Gefühlsbotschaften auch entschlüsselt hat, also erkennt, welche Informationen sie vermitteln. Deren Vielfältigkeit ist zwar letztlich ohne Grenzen, beschränkt sich im Alltag aber bei den meisten Menschen auf überschaubare Bereiche, mit denen man sich vertraut machen kann.

Ein hilfreicher Weg sind dabei die Erinnerungen. Man stellt sich eine Situation vor, die als belastend empfunden wurde, die man inzwischen aber bewältigt hat. Die Zusammenhänge und Hintergründe sind bekannt, die erforderlichen Schritte sind vollzogen, das Spannungsfeld ist abgebaut. So kann man sich von sicherem Boden aus die Fragen stellen: „Welche Botschaft stand im Vordergrund? Welches Gefühl war dabei tragend? Wie und wo habe ich es besonders eindrucksvoll gespürt?"

➡ Ein Beispiel: Die Emotion *Angst* kann unterschiedlich erlebt werden – etwa als intensives Druckgefühl im Bauch, oder es schnürt einem die Kehle zu, oder schneller Herzschlag ist der Leiteindruck.

Die reagierenden Organe und Körperregionen spielen bei der Indentifikation der Gefühlsbotschaften eine maßgebliche Rolle, denn meistens bleiben die Zielorgane unverändert. Wer Angst besonders intensiv im Bauchbereich erlebt, wird dieses Gefühl schnell zuordnen können auf die Erlebnisqualität, weil es immer dort spürbar ist.

Um sich einen möglichst kompetenten Dolmetscher für seine inneren Empfindungen anzulegen, sind also Erinnerungen von Belang. Aber ebenso oft wird man direkt beim Anlass sein Gefühl zuordnen oder benennen können. Es braucht Übung und ein wenig Zeit, gelingt dann aber meistens zuverlässig.

Ist die Information erkannt, die es zu verwerten gilt, kann man zielstrebig den Zugang zu Lösungskompetenzen oder Umgangsstrategien suchen. Wenn man den Mitteilungen aus der inneren Wahrnehmung einen Namen geben kann und Kenntnisnahme wie Verständnis signalisiert, schwächt sich die Botschaft dadurch nahezu immer deutlich ab und man kann sich auf die Verarbeitung konzentrieren. Und vor allem geht es im Alltag darum, den Kontakt zu sich zu behalten, die Orientierung zu sichern und eine Beziehung zum Erlebten zu fühlen.

## LEIDENSFÄHIGKEIT

Werbung und Zeitgeist übertreffen sich gegenseitig in ihren Versprechen, dass das Leben vor allen Dingen und fast ausschließlich fröhlich ist, unendlich viel Spaß vermittelt und Unbeschwertheit ohne Grenzen bietet. Leiden, Schmerzen, Unbehagen, Trauer, Verlust und Entbehrungen gehörten demnach der Vergangenheit an und hätten in unserem Alltag keine Daseinsberechtigung mehr. Dem ist mitnichten so.

Nicht erst seit der Streitschrift „Miese Stimmung" (2012) von Arnold Retzer ist bekannt, dass ein Recht auf Glücklichsein und Wohlbefinden im Leben leider nicht zu haben ist. Vielmehr ist es an der Tagesordnung, dass unangenehme Gefühle und Erfahrungen das tägliche Erleben dominieren und ungetrübte Lebensfreude nur in der Minderheit zu finden ist. Der Trend, solche völlig normalen, weil lebensimmanenten Wahrnehmungen zu pathologisieren oder zu negieren, ist dennoch ungebrochen.

Gefühle von Trauer, Mutlosigkeit, Einsamkeit oder Ratlosigkeit auf konstruktive Weise zu regulieren, ist nicht immer möglich. Für manche Mitteilungen aus der inneren Wahrnehmung gibt es keine Lösungen. Die kann man einfach nur ertragen und aushalten in dem Wissen, dass ihre Intensität ebenso natürlich abnehmen wird, wie sie auch aufgetreten ist. Stirbt etwa ein naher Angehöriger oder ein geliebter Mensch, ist es absolut erforderlich, dieses bedrückende und traurige Gefühl auszuhalten, den Verlust bewusst zu erleben und damit Abschied zu nehmen, um nicht den Grundstein für spätere, tiefere Konflikte zu legen.

Wenn sich eine langjährige Beziehung auflöst, weil die Liebe sie nicht mehr trägt und der Partner sich neu orientieren möchte, ist es nur an der Oberfläche und für den Moment hilfreich, wenn man sich sofort von einer Beziehung in die nächste stürzt. Schließlich ist die Trauerarbeit, die Aufarbeitung von Enttäuschung, Wut und Kränkung, noch nicht abgeschlossen. Und bereits nach kurzer Zeit werden sich die unbearbeiteten, weil unterdrückten und nicht zugelassenen Gefühle wieder melden, oft allerdings verkleidet oder auch versteckt, sodass die Verarbeitung schwieriger fällt. Auch hier ist es wichtig, belastende Gefühle zuzulassen, zu ertragen, auszuhalten, um dann zu einem späteren Zeitpunkt nach einer neuen Liebesbeziehung zu suchen.

Das Training emotionaler Kompetenzen beinhaltet also auch und gar nicht selten die Entwicklung einer angemessenen Leidensfähigkeit im Umgang mit Trauer, Depression und Ungemach. Niemand kommt daran vorbei. Zum Trost sei aber hier erwähnt, dass auch diese Regulation von Gefühlen dem Menschen im Anschluss neue Ressourcen sichert, seine Lösungskompetenzen vermehrt und sein Selbstbewusstsein stärkt.

### KOMPENSATIONSSTRATEGIEN

Besonders für den Bereich der auszuhaltenden Emotionen, aber auch an anderer Stelle, wo Bedürfnisbefriedigung nicht wirklich erzielt werden kann, sind ausgleichende Strategien durchaus zu empfehlen.

Wichtig bei ihrer Auswahl ist, dass sie nicht den eigentlichen Hintergrund verdecken oder am Ende das eigentliche Bedürfnis gar ersetzen. Denn damit setzte man eine fatale Dynamik in Gang. Vielmehr ist es Ziel und Zweck, das Bewusstsein für einige Zeit auf andere Perspektiven zu lenken, die wohltuend erlebt werden können. So macht es wenig Sinn, die Frustration wegen ausbleibender beruflicher Erfolge oder fehlender Zuwendung durch den Ehepartner durch umfangreiche Mahlzeiten und ausgiebiges Essen zu ersetzen. Denn dieses Verhalten entwickelt sehr schnell eine Eigendynamik, die schwer zu unterbrechen ist. Wohl aber ist es sehr dienlich, wenn man bei aller Trauer um einen Verstorbenen im Kontrast das Leben besonders intensiv spüren und erleben möchte und deshalb trotz Sturm und Regen einen Spaziergang am Meer unternimmt. Damit wird die Trauerarbeit nicht behindert, gleichzeitig aber wächst die Neugierde und die Freude am eigenen Leben, und man baut neue Ressourcen auf.

Bei der Kompensationsstrategie ist Wachsamkeit immer vonnöten. Das Ziel dieser Verhaltensweise kann immer nur sein, sich eine Ruhepause von der inneren Arbeit zu verschaffen, neue Fähigkeiten zu erwerben, andere Perspektiven für Lösungsangebote einzuführen oder sich einfach zwischen all den belastenden Gefühlen einige Momente wieder wohlzufühlen. Alkohol, Drogen, Tabletten oder Nikotin sind dafür absolut ungeeignet und weder längere Zeit noch kurzfristig in Erwägung zu ziehen. Sie alle vernichten Lösungskompetenz, verhindern unabdingbare innere Arbeit und bauen Abhängigkeiten auf, denen man nur sehr schwer wieder entkommen kann.

## KOMPLEMENTÄRFÜHLEN

Eine interessante Variante im Umgang mit den Gefühlen ist das Komplementärfühlen. Der Begriff *komplementär* bedeutet ergänzend oder vervollständigend. Im Farbenbereich sind für die Mischfarbe Grau die Einzeltöne Schwarz und Weiß die jeweiligen Komplementärfarben. Im Gefühlsbereich wäre Neutralität oder Ausgeglichenheit die Qualität, die angestrebt werden soll. Dafür benötigt man das jeweilige *Gegengefühl*. Zum Beispiel wäre die Wahrnehmung „Lebensfreude" ziemlich genau die Neutralisationsqualität zu „Depression" und für „Angst" wäre es die „Sicherheit".

**Übungsbeispiel:** Bei der praktischen Umsetzung wenden Sie sich zunächst achtsam der inneren Wahrnehmung und ihrer Leitinformation zu, dem tragenden und zentralen Gefühl. Meistens handelt es sich bei unseren Emotionen ja um Mischgefühle, die sich vielfältig zusammensetzen. Das tragende Gefühl wäre dann entweder das jeweils vorherrschende oder es wäre das Gesamtgefühl, das sich aus der Mischung sozusagen in der Summe ergibt.

Dann ist es von Bedeutung, dieses Gefühl mit dem dazu passenden Ereignis zu verbinden. Das kann ein Erlebnis aus der Erinnerung sein oder auch ein aktuelles, das Sie gerade erst wahrnehmen. Durch diese Kopllung wird das emotionale Erleben verstärkt und auch die konkrete Zuordnung ist sinnvoll.

Je intensiver das innere Erleben, Ihre Vorstellung von diesem Gefühl, ist, umso effektiver gestaltet sich die erstrebte Veränderung.

Wenn Gefühl und Ereignis vor Ihrem inneren Auge und der inneren Wahrnehmung intensiv und klar erscheinen, dann wählen Sie aus, welche Farbe genau diesem Gefühl entsprechen würde.

Im Fokus erscheinen dann beispielsweise das Gefühl „Depression" und die genau diesem Eindruck entsprechende Farbe Grau. Lassen Sie diese Informationen einen Moment wirken. Im Anschluss daran verlassen Sie diesen Eindrucksbereich und stellen Sie sich stattdessen jene Emotion vor, die genau dem Gegenteil der ersten entspricht. Das kann etwa das Gefühl „Lebensfreude" sein oder „Unbeschwertheit" oder „Leichtigkeit". Und nun verknüpfen Sie dieses Gefühl auch wieder mit einem Ereignis, das ihm genau entspricht, bzw. dieses Gefühl ausgelöst hat bei Ihnen, und stellen dieses in den Fokus des inneren Erlebens.

Wieder folgt die Zuordnung zu einer Farbe, die in ihrer Qualität genau dem Komplementärgefühl entspricht. Nun kehren Sie wieder zum ersten Gefühl zurück, in diesem Fall der „Depression", stellten intensives Erleben her, wie eben erläutert und rufen die gekoppelte Farbe in Ihrer Vorstellung ab.

Die Aufgabe beim Komplementärfühlen besteht nun darin, die erste Farbe durch die zweite zu ersetzen, also anstelle des Gefühls „Depression" tritt nun das Gefühl „Lebensfreude" mit den gekoppelten Farbeeindrücken, die Sie ausgewählt haben. Das können Sie entweder dadurch erreichen, dass Sie das Gefühl „dahinter" aktivieren - in unserem Beispiel ist das die Lebensfreude. Oft ist es aber leichter, mit den hinterlegten Farben zu arbeiten, indem Sie die zweite Farbe durch die erste zu ersetzen versuchen und dabei spüren, dass sich auch das Gefühl in der Folge verändert. Das gelingt auf vielfältige Art. Man kann die zweite Farbe von außen über die erste laufen lassen, bis sie diese gänzlich überdeckt. Es ist aber auch möglich, von innen eine Quelle mit der neuen Farbe sprudeln zu lassen. Lassen Sie Ihrer Kreativität einfach freien Lauf, welche Farbersatzmethode Ihre beste sein kann.

Von elementarer Bedeutung ist, dass Sie wahrnehmen, wie sich mit der Farbe auch das Gefühl jeweils verändert.

Nach einigen Versuchen gelingt der Wechsel nahezu immer. Diese Übung können Sie mehrmals am Tag und mehrfach hintereinander wiederholen, so wie es Ihnen angenehm und stimmig erscheint.

Das Komplementärfühlen mag auf den ersten Blick mitunter etwas unscheinbar wirken, es ist aber hochwirksam. Zum einen richtet man bei der Anwendung den Fokus weg vom Unangenehmen auf eine andere, entgegengesetzte Perspektive und schafft damit bereits eine Erleichterung durch Minderung der Intensität. Zum anderen aber wird damit im Unbewussten der eine oder andere Suchprozess im inneren Archiv ausgelöst, um genau diese Erinnerungen zu wecken oder um dieses Gefühl im Alltag wieder bewusster zu entdecken. Ihr Blickwinkel wird sich also von der Depression abwenden und der Lebensfreude zuwenden; das ist als Regulativ sehr wirksam im Umgang mit der inneren Wahrnehmung.

Nebenwirkungen und Abhängigkeiten sind nicht zu erwarten, nur als Flucht sollte man diesen Weg nicht wählen, um sich dauerhaft der Konfrontation und Arbeit mit dem Ursprungsgefühl zu entziehen. Das wäre dann nicht hilfreich.

Die Bedeutung der Gefühlsregulation haben Forschungsergebnisse von Prof. Berking von der Universität Marburg (2010) bestätigt: „... diese Befunde sprechen dafür, dass es letztendlich für die psychische Gesundheit von zentraler Bedeutung ist, dass man entweder die eigenen Emotionen gezielt zum Besseren wenden oder sie akzeptieren und aushalten kann."

In der Konsequenz wäre eine Missachtung dieser Zusammenhänge nach Greenberg (2010) mit Folgen verbunden: „Fast alle psychischen Erkrankung haben in ihrem Kern eine problematische Emotion ..."

Dabei wurde ebenfalls signifikant nachgewiesen, dass ein möglichst breites Repertoire an Regulationsstrategien der beste Schutz gegen den Kontrollverlust über seine Gefühle mit allen möglichen Konsequenzen bieten kann. Und immer resultiert daraus auch eine Stabilisierung des Selbstwertes durch die ganzheitliche Wahrnehmung der eigenen Person und durch den Erwerb von Veränderungskompetenzen im Rahmen der Gefühlsregulation. Das Wissen um den Vorrat und die Verfügbarkeit von Ressourcen und Lösungskompetenzen vermitteln klare Orientierung und Sicherheit im Umgang mit den Spannungsfeldern im Alltag, die über Emotionen spürbar werden. Die regulativen Strategien sind ein zentraler Bestandteil für eine sichere Orientierung im Alltag und bei der Lebensgestaltung.

Die Entwicklung einer emotionalen Kompetenz und deren ständige Pflege schafft einen wirkstarken Schutzwall gegen die mächtigen Einflüsse von außen, die eine Wahrnehmung des eigenen Ich zu verhindern suchen und die Beziehungen zwischen Umfeld und eigenem Erleben blockieren möchten.

# SOMATISCHE
## KONSEQUENZEN

Die Ausbildung eines Lost-Sense-Syndroms ist gekennzeichnet durch den Verlust des Kontaktes zur eigenen emotionalen Wahrnehmung. Sie haben gelesen, dass diese Entwicklung durch eine Vielzahl von Entfremdungshintergründen eingeleitet oder beeinflusst werden kann. Der Fokus der Aufmerksamkeit wird dabei vom inneren Erleben und der inneren Wahrnehmung auf Forderungen und Angebote von außen umgeleitet und mitunter nahezu vollständig absorbiert.

Bleibt die Aufmerksamkeit für den Bereich der Gefühle erhalten, können aber schädliche Regulationsmechanismen im Umgang mit ihnen dazu führen, dass der Informationsgehalt und deren Nutzung nicht mehr in angemessener Weise erfolgen. Werden Gefühle verdrängt, weil sie als unangenehm empfunden werden, geraten sie aus dem Blickfeld. Der Umgang mit der Wahrnehmung gestaltet sich also durchaus komplex. Werden die unangenehmen Gefühle etwa durch Kompensationsmechanismen ersetzt, und zum Beispiel durch Vermeidungsstrategien oder Ersatzhandlungen überdeckt, kann man anstehende Konflikte und erforderliche Änderungen auch nicht umsetzen. Und wieder geraten sie dann aus dem Blickfeld oder bleiben unbearbeitet.

Auf welche Art auch immer dieser Fokuswechsel im Sinne einer Ausblendung oder Ausgrenzung aus dem bewussten Wahrnehmungsfeld erfolgt, ist von sekundärer Bedeutung. Die Folge ist nahezu immer, dass Spannungsfelder nicht wahrgenommen und Konflikte nicht gelöst werden, dass seelische Probleme bestehen und psychodynamisch wirksam bleiben, sich also auf das psychische Befinden auswirken, ohne dass auf den ersten Blick noch Zusammenhänge erkennbar würden. Nur weil wir etwas nicht erkennen, wird es dadurch nicht wirkungslos.

Darüber hinaus ist von bislang unterschätzter, weil lange Zeit nicht erforschter, pathogenetischer Bedeutung, dass dadurch eine Vielzahl von biochemischen und neurologischen Prozessen in Gang gesetzt und unterhalten wird, die nachhaltig Schäden in Körperorganen auslösen können und das Immunsystem schwächen. Eine Wissenschaft, die sich mit dem Zusammenwirken dieses komplexen Netzwerkes, der Verbindung von Nerven, Psyche und dem Immunsystem beschäftigt, ist erst seit etwa 10 Jahren mit umfangreicher Forschung dabei, Erklärungsmodelle zu liefern: die **Psychoneuroimmunologie.**

Es gibt ohne Zweifel auch Menschen, die gesund und lebensfroh sind, obwohl sie sich nicht ständig mit ihren Gefühlen im Kontakt befinden. Entweder sind das natürliche Talente, die ohne bewusste Aufmerksamkeit eine Übereinstimmung von Ratio und Emotionen leben. Oder es sind Personen, die längere Zeit nicht mit Konflikten, Gefahren oder Problemen konfrontiert worden sind und erst im Falle einer Krise bemerken, dass sie keine Kompetenzen im Umgang mit negativen oder unangenehmen Gefühlen erworben haben.

## EIN BLICK IN DIE VORZEIT

Es ist nachweislich eher gesund und steigert die Reaktions- und Leistungsfähigkeit, wenn Emotionen über neuronale und hormonelle Netzwerke verschiedene Funktionen im Körper aktivieren oder verändern, wenn es sich dabei um kurzfristige Einflüsse handelt. Und so ist es wohl „biologisch" auch gedacht und entwicklungsgeschichtlich begründet: die Leistungsfähigkeit des menschlichen Organismus im Gefahrenfall bei Bedrohungen von außen zu erhöhen und sehr schnell Reserven zur Verfügung zu stellen. Dabei hat es sich in früher Vorzeit um die Erhöhung der Kampfbereitschaft gegenüber feindlichen Artgenossen oder in der Konfrontation mit mancherlei gefährlichen Tieren gehandelt, vorwiegend die körperliche Präsenz unserer Vorfahren war gefragt. Oder es wurde ein Fluchtmechanismus aktiviert: die Muskeldurchblutung stieg an, die Atemfrequenz nahm zu, Ausschüttung von Stresshormonen wie Cortisol und Adrenalin nahmen stimulierenden Einfluss auf die Herzfrequenz und den Stoffwechsel.

## UND HEUTE?

Mit derlei Gefahren werden wir Neuzeitler nur noch selten konfrontiert. Und daraus resultiert ein Problem. Denn bei Belastungen rein psychischer Art wie Angst, Wut, Depression, Stress oder Ärger werden weiterhin diese archaischen Mechanismen ausgelöst, aber nicht mehr in körperliche Aktivitäten umgesetzt. Gefragt wäre heute, statt der Stimulation eher eine Reduktion dieser Vorgänge, damit wieder Ruhe einkehren kann und man sich gelassen auf die Suche nach Lösungen begeben kann.

So ist erkennbar, dass dauernder Einfluss auf Organe im beschriebenen Sinn eben diese Organe schädigen kann.

Besonders deutlich sind die körperlichen Folgen für Dauerstress untersucht: kardiovasculäre Erkrankungen bis zum Herzinfarkt, Magen-Darm-Erkrankungen vom Blähbauch über Krämpfe bis zu Durchfällen, sexuelle Störungen bis zur Impotenz, Bluthochdruck und zahlreiche schmerzhafte Veränderungen des Bewegungsapparates wie Muskelschmerzen oder Wirbelsäulenprobleme sind in umfangreichen Studien als Konsequenz dieser dauerhaft unverarbeiteten Gefühlsinformationen beschrieben worden.

Die Medizin verfügt über recht zuverlässige Darstellungs-
verfahren, die solche Abläufe erfassen können. Die Kernspin-
tomografie (MRT) liefert Abbilder anatomischer Strukturen,
die Positronen-Emissions-Tomografie (PET) bildet Daten zum
Stoffwechsel-Energieumsatz ab (Glukosemetabolismus), und die
Single-Photon-Emissions-Computer-Tomografie (SPECT) stellt
die Durchblutung der entsprechenden Areale dar, um ein paar
Beispiele zu nennen. Zusätzlich ist eine Vielzahl von biochemischen Stoffen, Überträgersubstanzen und Hormonen im
Labor chemisch messbar.

Die Verbindungen von Körper und Seele sind außerordentlich
komplex in ihrem Netzwerk und allen beteiligten Prozessen,
und außerdem erst seit kurzer Zeit – etwa seit 10 Jahren –
Gegenstand der Wissenschaft, sodass allenfalls die Spitze dieses
„Forschungseisbergs" mit Erklärungsmodellen aufwarten kann.
Sie sind hier deshalb nur schematisch dargestellt, dem Interes-
sierten bietet sich zu weiteren Informationen umfangreiches
Material in allen Medien.

Die für Gefühle zuständige Hirnstruktur lässt sich in der
Amygdala (vom lateinischen Wort für „Mandel") lokalisieren.
Der Name leitet sich aus ihrer Struktur ab, denn sie erinnert in
Form und Größe an eine Mandel. Sie liegt etwa in der Mitte
unseres Kopfes und ist paarig angelegt. Alle Informationen
unserer Sinnesorgane, die für die Erfüllung unserer Wünsche
und Ziele zuständig sind, durchlaufen die Amygdala. Dazu gehören vitale Lebenserhaltungswünsche (Überleben) ebenso wie

Vorstellungen und Erwartungen in Bezug auf Pläne, Werte, Ziele oder ein allgemeines Sicherheits- und Schutzbedürfnis.

Die Amygdala hat Verbindungen zu nahezu allen anderen Hirnregionen, und sie zeichnet sich verantwortlich dafür, welche der eingehenden Informationen in das innere Archiv gelangen, also dauerhaft gespeichert und auch abgerufen werden können, und welche Eindrücke nur flüchtig bleiben.

Eine wichtige Verbindung besteht etwa zum Hypothalamus, einer Hirnstruktur, die wiederum Einfluss auf die Nebennieren nimmt. Dort werden Stresshormone wie Cortisol, Adrenalin oder Noradrenalin gebildet und in den Kreislauf freigesetzt. Diese Hormone haben einen direkten, ausgesprochen effektiven Einfluss auf einige Körperorgane und den Stoffwechsel.

Weitere Verbindungen der Amygdala aktivieren das Gehirn in Regionen, die die Wachsamkeit und Aufmerksamkeit erhöhen; diese befinden sich im Bereich des sog. präfrontalen Cortex. Zusätzlich zur erhöhten Aufmerksamkeit wird hier eine genauere Analyse der gemeldeten Informationen zu einer Bedrohung vorgenommen und entsprechende Gefühle über das Ergebnis der Auswertung werden gesendet. Und die Amygdala beeinflusst das vegetative Nervensystem, das die Organfunktionen steuert. Die Auswirkungen auf die Organe wurden bereits angedeutet: Die Atemfrequenz erhöht sich deutlich, der Puls beginnt zu rasen, die Muskeln werden besser durchblutet und es wird ihnen Energie zur Verfügung gestellt.

## KÖRPERLICHE UND PSYCHISCHE FOLGEN

*Kurzfristig* sind diese vielschichtigen Reaktionen auf Gefühle wie Bedrohung, Angst, Ärger oder Wut ohne schädliche Folgen für den Körper, können schützen oder einen Körper so aktivieren, dass der Mensch Belastungen im Alltag meistern kann. Bei *anhaltender* Befeuerung der Amygdala mit derlei Informationen sehen die Folgen allerdings anders aus.

Im *psychischen Bereich* kann ein Dauerfeuer aus der Amygdala mit der Meldung von Problemen an die höheren Hirnareale dazu führen, dass die Suche nach Problemhintergründen, Ursachen, Auslösern und Zusammenhängen zu einem Dauerzustand wird: Es entstehen Gedankenschleifen, die ohne Pause Aufmerksamkeit fordern. Diese angstvollen, als Bedrohung empfundenen Gedanken melden neue Gefahr an die Amygdala, die wiederum alle anderen Areale aktiviert. Die Verbindungen in diesem Netzwerk sind ja keinesfalls einseitig geknüpft, sondern funktionieren in beide Richtungen.

Bei den *vegetativen Reaktionen* sieht das genauso aus. Körperreaktionen wie Herzrasen, Atemnot oder auch Verkrampfungen werden durch die entsprechenden Gefühle ausgelöst und so damit gekoppelt. Im Gegenzug lösen sie dann die gleichen Gefühle wieder aus und aktivieren damit eine sich selbst erhaltende Dynamik.

Für den *Herz-Kreislauf-Bereich* ist die Herleitung von organischen Schäden durch Dauerstress mit anhaltend hohem Adrenalinspiegel wissenschaftlich umfangreich erforscht. Adrenalin erhöht den Blutdruck, steigert die Herzfrequenz und fordert so vom Herzen pausenlos Höchstleistungen, denen es auf Dauer nicht gewachsen ist. Gefäßschäden und Herzinfarkte sind neben Bluthochdruck und seinen Folgen wie Schlaganfall und Gefäßverkalkungen konsequente Folgeerscheinungen.

Im *hormonellen Bereich* wird das lebenswichtige Cortisol zunächst signifikant erhöht produziert und in den Kreislauf ausgeschüttet, auf Dauer aber wirkt das auf den Körper schädigend und als Bedrohung, sodass eine Erschöpfung der Speicher und eine Niedrigregulation bei Dauerstress die Folge sind. Daneben hat Cortisol eine sehr umfangreiche Beziehung zum Immunsystem – der körpereigenen Abwehr – und kann dessen Funktion erheblich beeinträchtigen und damit Krankheiten Vorschub leisten.

Die geschilderten Strukturen und Zusammenhänge mögen bei aller Schlichtheit ihrer in diesem Rahmen möglichen Darstellung belegen, wie wichtig für die psychische und körperliche Gesundheit eine Regulation und eine angemessene Auswertung der inneren Wahrnehmung ist. Zwar liegen für die eigene Regulation keine umfänglichen Forschungsergebnisse vor. Es ist aber mit ziemlicher Sicherheit davon auszugehen, dass die Wirksamkeit der eigenen Gefühlsregulation gleichzusetzen ist mit therapeutischen Bemühungen, die von extern durch einen Behandler erreicht werden können. Eine Therapie wird also in vielen Fällen dadurch überflüssig werden können. Und dazu liegt umfangreiches Material vor (z. B. Schubert, 2012; Ader, 2007; Gaab et al., 2003).

Im negativen Fall, also in Verbindung gebracht mit dem Entstehen einer Erkrankung, dem bösartigen Melanom (schwarzer Hautkrebs) konnte Temoshol (2000) als typisches Muster Folgendes darstellen:

- „das Unvermögen, interne körperliche Signale zu erkennen;
- den Mangel, eigene Bedürfnisse und Emotionen auszudrücken oder zu kommunizieren;
- ein nach außen gerichteter Fokus auf die Bedürfnisse und Gefühle anderer;
- die Fassade von Normalität und psychischer Gesundheit."

Unschwer sind darin ausnahmslos Verhaltensweisen zu erkennen, die eine nicht vorhandene oder inadäquate Gefühlsregulation zur Grundlage haben: Entweder wurden die Signale nicht erkannt, oder sie hatten keine Konsequenzen, oder sie wurden durch ablenkende Verhaltensweisen kompensiert.

Für die positiven Effekte eines angemessenen, selbstbestimmten und an den eigenen Ressourcen und der inneren Wahrnehmung ausgerichteten Verhaltens sei stellvertretend die Studie von Sohng et al. (2003) erwähnt, der bei der Vermittlung eines mehrwöchigen Selbst-Management-Programms bei Patienten mit einer Immunerkrankung (Lupus erythematodes) einen signifikanten Rückgang von Erschöpfung und Depression und eine signifikante Zunahme der Selbstwirksamkeit bei verminderter Aktivität der Erkrankung feststellen konnte.

Zusammenfassend lässt sich für den somatischen Bereich sagen, was Schubert (2012) summierte:

„[Es] lässt sich festhalten, dass Forschungsbefunde immer wieder belegen, dass die Wechselwirkungen zwischen neuroendokrinem Immunsystem, in Verbindung mit chronischen, psychosozialen Strukturen an der Pathogenese (Entstehung) von Infektionen und Depressionen sowie kardiovaskulären (Herz-Kreislauf), rheumatologischen und gastrointestinalen (Magen-Darm) Erkrankungen beteiligt sind. In diesem Forschungszweig kommen spannende Zeiten auf uns zu, die aber auch eine Herausforderung darstellen, wenn es darum geht, die Rolle der Psychobiologie bei menschlicher Krankheit und ihrer Behandlung besser zu begreifen."

Da dieser Aspekt im Rahmen der Darstellung des Phänomens, der Hintergründe und der Konsequenzen vom Lost-Sense-Syndrom lediglich skizziert werden kann, wird an dieser Stelle für detaillierte Zusammenhänge auf umfangreiche Forschungsarbeiten zum Thema Psychoneuroimmunologie, z. B. von Robert Ader (2007), verwiesen.

# THERAPEUTISCHE
## PERSPEKTIVEN

Zur Therapie des Lost-Sense-Syndroms bieten sich die folgenden Verfahren schwerpunktmäßig an. Grundsätzlich sollte berücksichtigt werden, dass die innere Wahrnehmung emotionale Qualitäten abbildet und kognitive Elemente integriert werden, aber nicht im Mittelpunkt stehen sollten. Einen Anspruch auf Vollständigkeit erhebt diese Aufstellung ebenso wenig wie den Anspruch der Ausschließlichkeit.

Im therapeutischen Alltag des Autors und vor dem Hintergrund der psychopathologischen Entwicklung des Krankheitsbildes haben sich die folgenden Verfahren allerdings als ausgesprochen effektiv und hilfreich erwiesen.

## HYPNOTHERAPIE

Dieses Verfahren trägt den skizzierten Ansprüchen in angemessener Weise Rechnung. Als Basis dient dabei der therapeutisch älteste und empirisch wie wissenschaftlich sehr gut belegte Einsatz einer hypnotischen Trance.

Im Gegensatz zu den zahllosen Vorurteilen, die der Methode immer wieder zugeordnet werden, handelt es sich bei der therapeutischen Trance keinesfalls um einen Zustand des Schlafes, wie das Wort *Hypnose* es vermuten lässt. Auch ist ein solcher Zustand keinesfalls von Willenlosigkeit oder Ausgeliefertsein gekennzeichnet.

Solchen Bildern begegnet man lediglich auf der Showbühne oder anderen Veranstaltungen von Scharlatanen, die bewusst darauf ausgerichtet sind, Showeffekte zu erzielen oder die vermeintliche Macht des Hypnotiseurs zu demonstrieren. Ein solcher Einsatz von Hypnose geschieht immer mit dem Einverständnis der Betroffenen, die im Scheinwerferlicht der Bühne Aufmerksamkeit erregen möchten. Im klinischen Kontext ist solch ein Umgang mit dem Verfahren weder möglich noch erlaubt.

Wichtig für Skeptiker ist deshalb das Wissen: „Nichts geschieht ohne meine Zustimmung. Ich kann zu jedem Zeitpunkt die Behandlung unterbrechen. Ich weiß immer, was geschieht, und ich erinnere mich an alle Vorgänge. Ich entscheide, welchen bildhaften Angeboten des Therapeuten ich folge, oder welche ich anders gestalten oder ablehnen möchte."

Eine Trance wird durch spektakuläre Bilder aus den Medien immer noch gerne mit Bilder verbunden wie zuckenden Leibern, berauschenden Getränken, wildem Tanz und beeindruckenden Beschwörungsformeln.

Im klinischen Alltag wird eine Trance weit weniger spektakulär eingeleitet. Denn es handelt sich dabei um einen absolut natürlichen Zustand, in dem wir uns immer wieder einmal am Tag befinden. Und anstelle dieses Begriffes wäre die Bezeichnung „innere Aufmerksamkeit" deutlich angemessener, denn um eine solche handelt es sich. Man wechselt die Ebenen von den nach außen gerichteten Sinnen nach innen, zur bereits bekannten inneren Wahrnehmung, zu Bildern, Eindrücken, Gefühlen, Gedanken und Vorstellungen.

Im Alltag geschieht das häufig im Rahmen der „Tagträume", beim Lesen eines spannenden Buches, während einer Zugfahrt mit eintönigen Gleisgeräuschen, sogar beim Autofahren, beim Hören von Musik oder auch bei gutem Sex: alle äußeren Wahrnehmungen werden ausgeblendet, und man ist mit seiner Aufmerksamkeit von inneren Wahrnehmungen wie Gefühlen absorbiert. Man merkt das häufig erst dann, wenn der Fokus der Aufmerksamkeit sich wieder ändert und man erstaunt feststellt, dass der Zug sich schon dem Zielbahnhof nähert und man gar nicht bewusst registriert hat, wie viel Zeit vergangen ist.

Einen solchen Zustand der inneren Aufmerksamkeit, der Fokussierung der Sinne nach innen, erreicht der Therapeut durch *Einladungen, die er formuliert*. Sie könnten zum Beispiel so lauten:

„Bitte machen Sie es sich auf Ihrem Platz so bequem wie möglich, denn es ist wichtig, wenn man sich weiter und tiefer nach innen wenden will, dass man sich dabei besonders wohlfühlen kann. Sie spüren die Auflage, auf der Sie sicher liegen, Sie hören meine Stimme im Hintergrund, Sie haben ihre Augen geschlossen, und so gelingt es Ihnen sehr leicht, sich in aller Ruhe, aber konsequent und sicher weiter und tiefer Schritt für Schritt nach innen zu wenden. Das Umfeld wird dabei für einige Zeit immer unwichtiger, während Sie Klarheit und Orientierung in der eigenen Mitte finden." (Blohm, 2006)

Diese Einladung, der weitere folgen würden, ist jeweils auf ein therapeutisches Ziel ausgerichtet. Sie soll hier nur beispielhaft erläutern, wie ein Zugang nach innen ganz natürlich und ohne Hokuspokus geschieht.

Wenn ein Trancezustand hergestellt ist, verändern sich die Möglichkeiten der Wahrnehmung auch auf andere Art und können dabei erweitert und ausgedehnt werden. Es werden nun Gedanken, Gefühle, Vorgänge spürbar und sichtbar, die sonst im nicht bewussten Bereich liegen, z. B. weil das Bewusstsein sie herausfiltert. Man kann also Zugang finden zum inneren Archiv, und den Fokus seiner Aufmerksamkeit auf völlig andere Bereiche richten als mit dem wachen Bewusstsein.

Auf dieser Ebene werden sehr spezielle hypnotherapeutische Interventionen möglich. Man kann also den Zugang zu seinen Gefühlen wiederentdecken, man kann eine retrospektive Innenschau halten, man kann seine erworbenen und gespeicherten Ressourcen neu in Anspruch nehmen, um aktuelle Probleme zu lösen. Man kann innere Bewertungen ändern, man kann seine Maßstäbe korrigieren. Eine Vielzahl von therapeutischen

THERAPEUTISCHE PERSPEKTIVEN

Ansätzen und Angeboten steht zur Verfügung, die nur dieses Verfahren in solcher Form ermöglicht, und die exakt den Bedürfnissen zur Behandlung des Lost-Sense-Syndroms entsprechen.

Auf diese Weise lassen sich effektive und absolut passgenaue Lösungen finden, lässt sich der Kontakt zum inneren Erleben wieder aktivieren, findet man wieder Zugang zum eigenen inneren *Ich*. Diese Lösungen sind dann auch nahezu immer von Dauer, weil sie eben aus dem eigenen Fundus stammen, den eigenen Maßstäben und Überzeugungen entsprechen und nicht von außen gleichsam übergestülpt wurden.

Um keine unangemessenen Erwartungen zu wecken, sei ausdrücklich darauf hingewiesen, dass es sich auch bei Hypnotherapie um ein Stück gemeinsamer therapeutischer Arbeit handelt, die erst geleistet werden muss, um das angestrebte Ziel zu erreichen. Die Erfolgsaussichten sind dabei allerdings nachgewiesen hoch und von ebenfalls belegter Nachhaltigkeit.

Moderne Hypnotherapie basiert wesentlich auf der Arbeit von Milton H. Ericksons „Gesammelte Schriften" (1995), der von der Grundannahme ausging, „... dass ein Individuum die Ressourcen zur Veränderung in sich trägt und meist weder instruiert werden oder neu lernen muss, um seelische und körperliche Probleme zu lösen" (Revenstorf, 2008). Der Therapeut hat also im Wesentlichen die Aufgabe, diesen Zugang zum Lösungspotenzial zu erleichtern oder wieder freizulegen.

Im Rahmen der Selbsthypnose lassen sich diese Möglichkeiten weiter nutzen und vertiefen, um die Zugänge im Alltag zu erhalten und wahrzunehmen.

Hypnotherapie ist als Verfahren seit 2006 durch den Wissenschaftlichen Beirat der Psychotherapeutenkammer in Berlin, dem dafür zuständigen Gremium, anerkannt und zugelassen.

## ACHTSAMKEITSTRAINING

Dieses Verfahren bietet Anleitungen, um sich auf eine geleitete Art wahrzunehmen und wurde unter dem Namen „Mindfulness-Based-Stress Reduction program" 1979 von Dr. Jon Kabat-Zinn von der Stress Reduction Clinic in Boston entwickelt.

Auch zahlreiche deutsche Studien belegen die Wirksamkeit dieser Methode in Bezug auf eine positive und gesundheitsfördernde Wirkung bei regelmäßiger Anwendung (Universität Freiburg 2010).

Das Verfahren ist als eine Methode zur Selbsthilfe entwickelt worden und arbeitet ressourcenorientiert, schafft also ebenfalls einen Zugang zum inneren Archiv.

Das Übungselement „Body Scan" entspricht interessanter Weise wesentlichen Anteilen, die Milton Erickson gemeinsam mit seiner Frau Betty als Einleitung von Selbsthypnose beschrieben hat.

Das zentrale Element der Körperwahrnehmung über den *Body Scan* beginnt damit, sich bequem auf den Rücken zu legen. Man

kann dabei seine Augen schließen, muss es aber nicht. Wichtig
ist es, bei der Übung wach zu bleiben, um den Körper auf seine
Gefühle hin scannen zu können.

Man beginnt mit dem linken Zeh und spürt sich abschnittweise
über die Beine, den Rumpf und die Schultern bis zum Scheitel
nach oben. Dabei wird auf alle spürbaren Empfindungen geach-
tet. Die Wahrnehmungsqualitäten können von Kribbeln über
Wärme, schmerzhafte Verspannungen bis zu muskulären Bewegungen reichen. Diese Gefühle werden bewusst und neutral registriert oder beobachtet, ohne dass man sie verändert. Ziel ist es,
das Bewusstsein auf sie zu lenken und diese Gefühle anzunehmen.

Im Nebenschluss wird während des Scannens die Atmung
registriert, wie auch sie ganz von selbst geschieht, ohne dass
man etwas dafür tun muss.

Sie werden bei diesen Übungen ganz sicher Parallelen zu den
Angeboten im Kapitel „Die innere Wahrnehmung" entdecken,
allerdings werden Ihnen auch die Unterschiede aufgefallen sein.

Der Body Scan führt zielgenau wieder zurück zu jenen Sinneseindrücken, die Menschen mit dem Lost-Sense-Syndrom verloren gegangen sind. Das Achtsamkeitstraining ist demgemäß ein
geeignetes Instrument, sich diesem Bereich wieder zu nähern und
ihn zurückzugewinnen.

Zum Trainingsprogramm zählen noch einige Yogaübungen,
eine Form der Sitzmeditation, das Ausführen langsamer Bewegungen als Gehmeditation und Atemübungen. Ferner wird

vermittelt, wie man die Achtsamkeit auch bei täglichen Verrichtungen aufrechterhalten kann.

Der Schwerpunkt aller Übungen liegt neben der Wahrnehmung vor allem in der Stressreduktion.

In diesem Kontext scheint es ausreichend, den Body Scan als zentrales Element für sich zu nutzen. Es bleibt der eigenen Entscheidung überlassen, ob auch die anderen Übungsteile vielleicht von großem Nutzen sein könnten und man sie deshalb in das eigene Programm mit aufnehmen möchte.

Manche Autoren sehen diese Methode als Gegensatz zu suggestiven oder autosuggestiven Verfahren, wie z. B. auch der Selbsthypnose. Diese Meinung teile ich nicht, weil beides Angebote sind, sich den emotionalen Zugang zur inneren Wahrnehmung zu erschließen.

## SYSTEMISCHE THERAPIEANGEBOTE

Diese Verfahren bieten die Möglichkeit, das eigene Handeln, die Motive und Zusammenhänge zu verstehen, Beziehungssysteme zu erkennen und die eigene Bedeutungsgebung in ihnen zu erklären.

Diese Therapieansätze sind aus unterschiedlichen Theorien verschiedener Autoren und Therapeuten entwickelt worden. Der Grundgedanke systemischer Denkweisen ist zuerst in den Naturwissenschaften entstanden, und man hat in Physik, Chemie oder Mathematik die zirkuläre Wechselwirkung von Faktoren,

Rückkopplungen und Organisationsformen betrachtet. Von den anderen Einflüssen seien an dieser Stelle lediglich die Familientherapie, Systemtheorie, Kommunikationstheorie und der Konstruktivismus (von Glasersfeld, Watzlawick) genannt.

Ein wesentliches Merkmal für unseren Kontext ist die *Ressourcenorientierung*.

Im Rahmen des systemischen Therapieansatzes wird der Mensch in seinen sozialen Beziehungssystemen erfasst:

- „Welche Rolle spiele ich in welchem Zusammenhang?"
- „Welche Bedeutung und Auswirkung hat mein Verhalten im jeweiligen System?"
- „Welchen Einfluss hat das System auf mich?"

Ein solches System kann dabei der Arbeitsplatz sein, die Familie, die Fußballmannschaft oder der Kirchenchor. Die daraus wechselseitig entstehenden Beziehungsgeflechte werden analysiert, die Beziehungsregeln herausgearbeitet und Auswirkungen von Veränderungen betrachtet.

Als kleinstes System dieser Ordnung lässt sich eine *Paarbeziehung* darstellen.

➡ Beispielhaft sei ein Paar dargestellt, in dessen Beziehung sich ein Problem im Umgang miteinander zeigt. Wenn es einmal Meinungsverschiedenheiten gibt, gelingt es beiden nicht, diese zu klären. Der eine Partner möchte lautstark und vehement darüber streiten, der andere versucht, alles „unter den Teppich zu kehren" und den Mantel der Harmonie darüber zu decken. Jeder von beiden fühlt sich vom anderen missverstanden und eine unterschiedliche Auffassung wirkt nach einiger Zeit wie eine Bedrohung für die Beziehung. Denn während der eine sich angegriffen und erniedrigt sieht, fühlt der andere sich mit seiner Meinungsäußerung nicht ernst genommen, weil „wegharmonisiert".

Erklärbar wird ein solches Verhalten, wenn man sich einmal die Ursprungsfamilie der jeweiligen Person betrachtet. So ist der eine Partner in einer Familie aufgewachsen, in der Streit und lautstarke Auseinandersetzung eine gewohnte Umgangsform war, Probleme anzugehen. Nur auf diese Art fühlte man sich wertgeschätzt, angenommen und ernst genommen. Und meist wurden so auch Lösungen erzielt oder zumindest eine Einigung.
Der andere Partner wuchs unter gänzlich anderen Beziehungsmustern heran. Leise Töne waren dort üblich, man äußerte sich moderat, wollte niemanden verletzen oder ihm zu nahe treten. Die Streitkultur war also von Behutsamkeit im Umgang miteinander geprägt, laute Worte galten als geradezu verpönt und wurden als Missachtung des Adressaten gedeutet.

Treffen nun zwei so geprägte „Beziehungs-Streit-Systeme" aufeinander, führt das ohne Kenntnis der Hintergründe zwangsläufig zu adversativen Beziehungsmustern. Das Wissen um die Hintergründe lässt das Verhalten für beide Beteiligten durchschaubar werden und ein lauter Tonfall wird nicht mehr als persönlicher Affront betrachtet, sondern als erlernte Ausdrucksform verstanden und eingeordnet werden können. Für die eher harmonisierenden Strategien gilt das in der gleichen Weise.

Der systemische Umgang mit diesen Verhaltensmustern zeigt die Hintergründe und Zusammenhänge im Kommunikationsverhalten auf, macht verstehbar, welche Emotionen jeweils damit verknüpft werden und öffnet die Perspektiven für eine Anpassung beider Verhaltensmuster an gemeinsam akzeptierte Strategien.

Für den Kontext der Behandlung des Lost-Sense-Syndroms stehen hier nicht primär die Gefühle im Vordergrund, wie bei den bislang angeführten Therapieangeboten, sondern es wird zunächst Verhalten erklärbar gemacht und darüber dann ein emotionaler Bezug hergestellt. Das ist ein ebenfalls effektiver Zugang zu den eigenen Gefühlen und zur Orientierung an den eigenen Maßstäben und Strukturen.

Solch eine Betrachtungsweise lässt sich auch im System Arbeitsumfeld hilfreich einsetzen, denn nicht immer sind emotionale Reaktionen auf Verhaltensweisen oder Kommunikationsformen im Umgang miteinander direkt verstehbar, und die damit verbundenen Gefühle auch nicht.

➡ Ein Beispiel: Eine Patientin begab sich wegen depressiver Störungen in die Klinik. Sie war von Beruf Bankrevisorin, bereiste also Filialen, führte dort ein Controlling durch und wertete das Ergebnis in einem Bericht aus, das sie einem Vorgesetzten vortragen musste. Und dort hatte sich ein Problem gezeigt: Bei jedem Bericht wurde die Frau von Ihrem Vorgesetzten abgewertet, das Protokoll als gänzlich misslungen dargestellt und sie als unfähig beschimpft. Das ging über viele Monate so. Die Controllerin konnte machen, was immer sie wollte, es gab stets das gleiche Ergebnis in der Bewertung. Selbst wenn sie wörtlich jenen Text verwendete, den der Vorgesetzte selbst vorgeschlagen hatte, wurde dieser beim Vortrag abgewertet.

Die Frau war schließlich völlig verzweifelt, ihr Selbstwertgefühl sank immer stärker, und depressive Störungen traten in Erscheinung.

Bei der systemischen Aufarbeitung zeigte sich ein immer gleiches Muster: Eine sorgfältig angefertigte Arbeit und deren Ergebnisse wurde grundsätzlich und immer infrage gestellt und zum Anlass genommen, dass der Vorgesetzte sich machtvoll in Position brachte durch die Abwertung seiner Nachgeordneten. Da diese Haltung gänzlich unabhängig vom eingebrachten Arbeitsergebnis über Monate aufrechterhalten wurde, zeigte, dass es gar nicht um die Arbeitsleistung ging. Es handelte sich allein um die Demonstration von Macht.

Die Patientin bekam den Rat, dieses Muster zu durchbrechen, indem sie einen qualitativ mittelmäßigen Bericht verfasst und sich keine Gedanken mehr macht bezüglich der Bewertung durch den Vorgesetzten. Denn sie weiß nun bereits im Vorfeld, wie diese ausfallen wird und braucht sich nicht mehr so stark beim Verfassen des Berichts zu engagieren. Eine Kränkung nach dem üblichen Muster kann also nicht mehr erfolgen. Zusätzlich kann sie beim Vortrag gelassener sein.

Im Ergebnis zeigte sich schließlich, dass nach zwei oder drei aggressiven Ausbrüchen nach dem alten Muster in der Folgezeit völlig unerwartet die Berichte ohne Kritik akzeptiert wurden.

Die systemische Aufarbeitung hat die verborgenen Muster offengelegt und Veränderungen möglich gemacht sowie den Kontakt zum eigenen Orientierungssystem wiederhergestellt.

## TEK – TRAINING EMOTIONALER KOMPETENZEN

Dieses Verfahren wurde an der Universität Marburg von Professor Berking im Rahmen von Stressmanagement entwickelt und bezieht daneben auch andere Regulationen von „negativen" Gefühlen mit ein.

Das Trainingsprogramm beginnt zunächst mit einem Diagnostikteil, in dem standardisiert verschiedene Gefühls erfragt werden. Der emotionale Ist-Status wird erfasst und in seinem Verlauf grafisch abgebildet. Dies ist zum einen für die erforderliche Diagnostik psychischer Veränderungen von Bedeutung, fordert aber vom Teilnehmer auch den direkten Kontakt zu seinen Gefühlen. Es werden also Kanäle geöffnet, die im Laufe eines Lost-Sense-Syndroms verschüttet waren oder nur noch schwer zugänglich gewesen sind.

Die erfasste Skala reicht von Angst über Scham und Depression, Ekel und Schuld. Die Stärke des eigenen Selbstwertgefühls wird in den Tests ebenso abgebildet wie bereits vorhandene emotionale Kompetenzen.

Der zweite Block des Trainings ist wahrnehmungsbezogen ausgerichtet und vermittelt Informationen zu den Auswirkungen der Gefühle, zeigt organische Veränderungen durch Stress und andere Negativfaktoren auf. Möglichkeiten im Umgang mit den Anteilen und ihre positive Beeinflussung werden dargestellt.

„Dann geht es darum, mit verschiedenen Übungen sieben konkrete Kompetenzen zu erwerben, die helfen, mit Stress und negativen Gefühlen konstruktiv umgehen zu können. Ziel des Trainings ist es, dass die Teilnehmer am Ende diese Kompetenzen so gut beherrschen, dass sie sie in belastenden Situationen effektiv hintereinander einsetzen können (in der sog. „TEK-Sequenz"). Um das selbstständige Trainieren dieser Kompetenzen im Alltag zu erleichtern, werden im TEK entsprechende Trainingskalender oder SMS-Übungsprogramme zur Verfügung gestellt." (HP TEK)

Das Trainingsprogramm lässt sich als Wahrnehmungs- und Regulationswerkzeug gut in den Alltag integrieren und ist mit den angebotenen Strategien beim Lost-Sense-Syndrom als ein Baustein zur Behandlung oder Vorbeugung effektiv einzusetzen.

## SELBSTHYPNOSE

Dieses Verfahren unterscheidet sich von der Hypnotherapie zunächst einmal durch die Art, in der man den Zugang zur inneren Wahrnehmung schafft (Almann, 2011; Blohm, 2006). Sie werden sich erinnern, dass eine Trance, die Wendung der Aufmerksamkeit nach innen, ein natürlicher Zustand ist, in dem Kinder sich zu großen Teilen ihres Tages befinden, und den Erwachsene auch bewusst oder unbewusst häufig für sich in Anspruch nehmen. Bei der Heterohypnose (Fremdhypnose im Gegensatz zur Selbsthypnose) leitet ein Therapeut seine Klienten durch Einladungen und Angebote in dieses Erleben hinein, während man bei der Selbsthypnose nach eigenen Wünschen auswählt, wie man Zugang zum inneren Erleben finden möchte. Dafür lässt sich leise Musik in Anspruch nehmen, man kann ein Gemälde an der Wand im Zimmer intensiv betrachten, oder man wählt den Weg über Gedanken und innere Wegweiser.

Wird dann spürbar, dass der Fokus der Aufmerksamkeit sich von außen nach innen gewendet hat – zum Beispiel dadurch, dass der Körper angenehm leicht, wohlig warm oder wohltuend schwer zu spüren ist, oder dadurch, dass die Umwelt an Bedeutung verliert und für einige Zeit gleichgültig wird – hängt das weitere Vorgehen von der Absicht ab, die man mit der Selbsthypnose verfolgt. So ist es möglich, ein virtuelles Zimmer aufzusuchen, in dem sich Lösungen für Probleme besonders gut finden lassen (Blohm, 2006). Oder man öffnet den Zugang zu seinen Gefühlen, weil man einmal so richtig in ihnen baden möchte, in Leichtigkeit zum Beispiel.

Die Auswahl, wie man die Selbsthypnose für sich nutzen möchte, ist nahezu unbegrenzt. Immer findet man das, was auch die Heterohypnose ermöglicht: eine Verbindung von Verstand und Gefühl. Man ist sich selbst sehr nahe.

Es macht aus diesen Gründen Sinn, vor Beginn einer solchen Übung Klarheit darüber zu erlangen, welches Ziel Sie auf dieser Ebene erreichen möchten, oder wohin Sie die innere Aufmerksamkeit richten wollen, damit Sie sich nicht auf dem Weg „verirren". Klare innere Vorgaben sind in jedem Fall sehr hilfreich. Die Dauer einer solchen Selbsthypnose können Sie entweder vorab bestimmen, indem Sie Ihre „innere Uhr" zu Beginn auf eine bestimmte Weckzeit stellen. Dafür müssen Sie sich dieses Bild sehr genau und intensiv vorstellen. Dann werden Sie allerdings mitunter überrascht sein, wie präzise dieser innere Wecker funktioniert. Oder Sie wählen den anderen Weg und bestimmen nach Gefühl während der Trance, wann Sie sich wieder nach außen wenden möchten.

Selbsthypnose eignet sich sehr gut, um regelmäßig den Kontakt zum inneren Ich zu halten, um Klarheit und Sicherheit im Umgang mit Gefühlen zu erlangen und zu erhalten, oder um Veränderungen auf mentaler Ebene bei der Lebensgestaltung mit Nachhaltigkeit umzusetzen.

Die Methode lässt sich zwar auch durch Bücher oder CDs erlernen. Empfehlenswert ist aber die anfängliche Begleitung durch einen Therapeuten, um Fehler zu vermeiden, Fragen direkt zu klären, und um Bestätigung im Umgang damit zu bekommen, um die eigene Sicherheit zu erhöhen. Die kurze Schilderung dieser Methode kann das an dieser Stelle in keiner Weise leisten.

## AUTOGENES TRAINING

Dieses Verfahren ist eine Entspannungstechnik, die man durch Selbstbeeinflussung (Autosuggestion) anwenden kann, und die aus der Hypnose durch Schultz (1926) entwickelt worden ist. Ihm war aufgefallen, dass bestimmte innere Zustände wie Entspannung, Ruhe, Wohlfühlen oder andere Formen entspannten Erlebens mit bestimmten Körpergefühlen verbunden sind. Beispielhaft seien Wärme, Schwere einzelner Körperteile oder ein ruhiger Herzschlag angeführt.

Aus dem Umkehrschluss wurde dann das autogene Training hergeleitet: Über die reine Vorstellung von Wärme, Schwere oder einem ruhigen Puls wurde ein Entspannungszustand erzielt. Diese Methode hat sich seit vielen Jahren bewährt. Sie wird in der klassischen Form gelehrt oder auch in einigen moderneren Varianten.

Zu Beginn des Trainings, in der sogenannten „Grundstufe", werden in jeder Trainingsstunde Vorstellung und Konzentration auf bestimmte Begriffe gerichtet: Schwere, Wärme, Herzschlagregulierung, Atemregulierung, Bauchwärme und Stirnkühle.

Damit werden dann in den jeweiligen Regionen des Körpers oder insgesamt im vegetativen Nervensystem für die Dauer des Trainings die Weichen auf Entspannung und Erholung gestellt. Die einzelnen Übungen dauern 10 bis 15 Minuten. Führt man das autogene Training regelmäßig durch, lässt sich nicht nur für die Übungsdauer, sondern grundsätzlich eine Umstellung der vegetativen Regulation erzielen.

In den Trainingsstunden gibt der Leiter zunächst die kurzen Suggestionssätze vor. Grundsätzlich soll aber im Anschluss allein und ohne das Vorsprechen dieser Sätze durch eine andere Person geübt werden, sonst würde man wieder von Hypnose, statt von autogenem Training sprechen.

Die Methode ist gut geeignet, um insgesamt den Unruhelevel zu regulieren, um damit den Zugang zur inneren Wahrnehmung zu öffnen oder freizuräumen.

In einem fortgeschrittenen Stadium gibt es noch die „Mittelstufe", die formelhafte Suggestionen beinhaltet, wie z. B. „Ich bin immer ganz ruhig und gelassen". Und die „Oberstufe", die weitaus komlexere Vorgaben fordert. Diese beiden seien im Kontext mit dem Lost-Sense-Syndrom aber nur der Methoden-Vollständigkeit halber erwähnt, weil sich dafür die Selbsthypnose besser eignet.

Alle Verfahren oder therapeutischen Angebote, die an dieser Stelle keine Erwähnung finden, müssen deshalb nicht ungeeignet sein. Nach den Erfahrungen des Autors haben sich die hier genannten aber als besonders hilfreich und effizient in unserem Kontext erwiesen.

Viele andere Angebote wie Yoga, Meditation, sporttherapeutische Verfahren, Kunsttherapie oder musikalische Ansätze sind in der Lage, ergänzend Ressourcen wiederzuentdecken oder verschüttete emotionale Wahrnehmungszugänge wieder zu öffnen. Lassen Sie Ihr Gefühl entscheiden, welchen Weg Sie wählen möchten.

## POSITIVE REGULATION

Nun könnte bei der komplexen und vielfach vernetzten Arbeit mit den Gefühlen und ihrer angemessenen Regulation mitunter die Angst aufkommen, dass eine solche Aufgabe schlicht nicht angemessen zu bewältigen sei.

Wie soll man den Alltag gestalten, wenn der Fokus nur auf das innere Erleben ausgerichtet ist, und benötigt man für dieses überaus anspruchsvolle und bedeutungsvolle Gebiet nicht ständige Hilfe von Therapeuten im Sinne eines Alltagscoachings? Und wo soll man all das Hintergrundwissen erwerben, das offenbar erforderlich ist, um erfolgreich salutogen für Seele und Körper die eigenen Gefühle zu regulieren?

Solche Fragen stellen sich sicher. Ebenso sicher wird es aber in Ihrem Umfeld Menschen geben, die gelassen und sicher dem Alltag begegnen, die mit Mut und Energie Aufgaben anpacken und lösen, die auch in krisenhaften Situationen ihre Orientierung behalten, eigenständig Änderungsbedarf erkennen und Handlungsspielräume nutzen, wo das möglich ist. Dabei erlebt man solche Menschen keinesfalls nur frohlockend und lachend durch das Leben gehend. Enttäuschung, Wut, Angst, Traurigkeit oder Niedergeschlagenheit sind hin und wieder auch bei ihnen „zu Gast", nur gehen sie auch wieder.

➡ Ein Beispiel: Edith K. ist eine solche Frau. Sie ist 93 Jahre alt, der Ehemann starb vor mehr als 20 Jahren, seitdem lebt sie allein in einer kleinen Wohnung im vierten Stock eines Gebäudekomplexes – ohne Fahrstuhl – direkt am Strand in Kiel. Von den fünf Kindern sind noch drei am Leben, eines starb nach der Geburt, eines im Alter von 16 Jahren. Zu den Kindern besteht regelmäßiger Kontakt, aber auch eine teils große räumliche Distanz. Frau K. ist also auf sich alleine gestellt, und sie legt auch großen Wert darauf.

Frau K. bewegt im Stadtverkehr ihr Kraftfahrzeug sicher und gerne, fährt auch in Österreich über enge Straßen und verbringt dort seit 50 Jahren regelmäßig ihren Urlaub, der mitunter 3 Monate dauern kann.

Der erste Teil ihres Lebens war geprägt von Pflicht mit wenig Liebe, erst kam der Krieg, danach die Flucht. „Es waren sehr harte Zeiten, und ich weiß selber nicht mehr, wie ich das alles schaffen konnte, und oft war die Belastbarkeit jenseits aller Grenzen." Nach der Heirat kamen die Kinder, die Mittel waren knapp, man schränkte sich ein, machte aber das Beste daraus. Es gab wenig Gelegenheit in diesen Jahren, an eigene Bedürfnisse überhaupt nur zu denken, und noch weniger, um ihnen nachzugehen. Frau K. war oft krank in dieser Zeit, der Blutdruck war niedrig, das Gewicht immer an der Grenze zum

Untergewicht, Ängste waren ihre täglichen Begleiter. In der Beziehung wurde sie eher unselbstständig gehalten, bekam kaum Taschengeld oder Anerkennung, die von ihr geleistete Arbeit rund um die Uhr bei der Versorgung der Familie nahm niemand zur Kenntnis.

„Mein Selbstwertgefühl kannte ich in jenen Jahren noch nicht einmal vom Namen her. Was immer ich machte, es wurde meistens belächelt."

Als die Kinder keine intensive Betreuung mehr brauchten und einige von ihnen bereits das Haus verließen, trat die Wende ein in ihrem Leben. Frau K. bewarb sich um eine Anstellung als Arzthelferin in einer Allgemeinarztpraxis.

„Das hat mein Leben nachhaltig verändert. Endlich bekam ich Anerkennung von dem Arzt und von den Patienten. Ich spürte förmlich, wie ich innerlich aufblühte. Zum ersten Mal in meinem Leben war ich zu etwas nütze, und Geld für eigene Bedürfnisse hatte ich nun auch." Der nächste Schritt war dann der Erwerb des Führerscheins und eines kleinen Kraftfahrzeuges. Beides machte sie unabhängig, stärkte ihr Selbstbewusstsein und war ihr eine Bestätigung: Es lohnt sich und bringt Erfolg, sein Leben in die Hand zu nehmen und es nach eigenen Wünschen und Bedürfnissen zu gestalten.

Völlig überraschend starb dann die Tochter fast über Nacht an einer Darminfektion. Bei der Bewältigung dieses Schicksalsschlages kamen Frau K. die während des Krieges und während der Flucht erworbenen Kompetenzen und Ressourcen sehr zugute, auch wenn ihr das nicht bewusst wurde. So konnte sie auch diese Krise bewältigen.

Im weiteren Verlauf ihres Lebens folgte die Trennung vom Ehemann, der einige Jahre darauf starb. Zu diesem Zeitpunkt hatte Frau K. bereits gelernt, ihr Leben selbst und verantwortlich zu gestalten in der eigenen Wohnung am Strand.

Im Anschluss an die Rente verbringt sie nun drei bis vier Monate im Jahr in Bad Ischl, in Österreich. Bis zu ihrem 89. Lebensjahr hat sie die Strecke in einer Tour von Kiel im Auto bewältigt, nun gönnt sie sich die Fahrt bis München doch im Autozug. Im Salzkammergut hat sie inzwischen einen umfangreichen Bekanntenkreis aufgebaut, geht jeden Tag zu Fuß ins Tal und besucht regelmäßig Kurkonzerte.

Der Alltag im Winter im heimatlichen Kiel gestaltet sich nicht ohne Probleme, denn heftige Angstattacken treten immer wieder auf. Mitunter hält sie diese einfach aus, denn sie weiß, dass jede Angst ja auch ein Ende hat. Zusätzlich hat sie einige Strategien entworfen wie Handarbeiten, regelmäßige Spaziergänge und Entspannungstechniken.

Kleine „Zipperlein", wie Muskelschmerzen, venöse Probleme mit den Beinen oder bereits den Anflug einer Erkältungskrankheit behandelt sie selbst mit Salben, Tees oder Naturheilmitteln. Ernsthaft krank ist sie in den letzten 25 Jahren nicht gewesen, und die Treppen bis zur Wohnung im vierten Stock bewältigt sie mehrmals täglich. „Das ist wohl ein gutes Training für mein Herz und so eine Art Lebensversicherung für den Kreislauf", erklärt sie gerne schmunzelnd.

Auf die Frage, was ihr denn sonst noch wichtig sei in ihrer Lebensführung, erhält man zur Antwort: „In meinem Alltag ist Regelmäßigkeit wichtig und auch ein gewisses Maß an Disziplin, denn nicht immer habe ich Lust auf einen Spaziergang, man wird doch recht träge mit den Jahren, aber ich mache es dann trotzdem. Meine Mahlzeiten nehme ich immer zur festen Zeit ein und koche immer frisch, das bin ich mir doch wert. Als Luxus gibt es hin und wieder ein Stück Schokolade. Wichtig ist mir auch noch, dass ich anstehende Aufgaben möglichst umgehend erledige, ich mag es nicht, wenn mich das zu lange belastet. Und natürlich bin ich neugierig auf Neues in der Welt und schaue regelmäßig Quizsendungen und Nachrichten im Fernsehen, Formel-1-Rennen interessieren mich auch, und die eine oder andere Casting-Show finde ich auch recht lustig."

Hinzuzufügen ist wohl noch, dass Frau K. von Gefühlsregulation und theoretischen Hintergründen nie etwas hörte und bisher weder eine Psychotherapie noch Alltagscoaching in Anspruch nahm.

Betrachtet man in unserem Kontext dieses Beispiel aus der Distanz, ergibt sich aus der relevanten Perspektive eine Struktur:

Frau K. hat während der Kindheit, im Krieg und auf der Flucht harte und schwierige Zeiten durchlebt und ist mit einer Vielzahl von elementaren Problemen konfrontiert worden. Sie hat aus dieser Zeit Ressourcen erworben, die ihr unbewusst in Krisen zur Verfügung standen. Nach einer intensiven Betreuung der Familie sind ihr Defizite in Bezug auf die eigene Rolle im Leben und ihre Bedürfnisse klar geworden. Sie hat diese Gefühle wahrgenommen und Schritt für Schritt Änderungen umgesetzt. Selbstwert, Eigenständigkeit, Zufriedenheit und Wohlfühlen haben Bestätigung dafür signalisiert.

Im Alltag hat sie eine feste Struktur, die ihr Sicherheit vermittelt. Maßstab für ihr Handeln ist das eigene Empfinden. Sie fühlt sich fit und dem Verkehr gewachsen, auch wenn andere das wegen ihres Alters anders sehen. Probleme und Aufgaben packt sie zeitnah an und vermeidet so dauerhaft unangenehme Gefühle wie Druck oder Zeitstress. Sie begegnet ihrem Körper mit Achtsamkeit und sorgt für seine Bedürfnisse; Veränderungen und Beschwerden werden registriert und mit eigenen Mitteln behandelt. Ängste gehören seit früher Zeit zu ihrem Alltag. Sie leidet zwar darunter, hat aber gelernt, sie zu ertragen und hat Strategien im Umgang mit ihnen erworben, die sie auch einsetzt.

Frau K. ist mit ihren Lebensbedingungen zufrieden, auch wenn ihr ein Partner mitunter fehlt. Sie hält Kontakt zum sozialen Umfeld und zu ihren Kindern, aber ohne sich davon abhängig zu machen. Sie ist neugierig auf das Leben und offen für Veränderungen. Die neuen Medien bedeuten ihr nichts, Werbung interessiert sie nicht, Einflüsse von außen gibt es wenig und nur, wenn sie von ihnen überzeugt ist.

# ENTPATHO-
## LOGISIERUNG

Legen Sie einmal den Zwang ab, sich ständig wohlfühlen zu müssen. Entledigen Sie sich der Forderung, überall und immer Spaß zu haben. Entziehen Sie sich dem Anspruch, ohne Einschränkung zu jeder Zeit von unbegrenzter Leistungsfähigkeit zu sein. Vergessen Sie die Forderung, vor ständiger Gesundheit zu strotzen. Legen Sie die Fesseln ab, ohne Unterlass etwas ganz Besonderes sein zu müssen und damit im Scheinwerfer der Aufmerksamkeit zu stehen. Vergessen Sie die Vorstellung, dass im Leben immer alles nach Plan und Planung laufen könne. Und trennen Sie sich von der sonderbaren Erwartung, dass alles Ungemach, alle Probleme, alle Krankheiten, alle Spannungsfelder und alle Widrigkeiten des alltäglichen Lebens delegierbar wären an Psychologen, an Ärzte, an den Pfarrer, an den Kauf von Konsumgütern oder den Verzehr von allerlei Psychopharmaka. Auch legalisierter Konsum von Drogen wie Nikotin oder Alkohol kann diesen Dienst nicht leisten.

Denn, ehrlich gesagt, sieht das Leben doch meistens gänzlich anders aus:

Morgens, wenn der Wecker klingelt oder das Handy mit einer Lieblingsmelodie den Schlaf beendet, fühlen sich viele Menschen nicht besonders gut erholt, sondern oft recht matt und nur eingeschränkt zum Aufstehen motiviert. Nach dem Schnelldurchgang im Bad folgt dann eine Tasse Kaffee im Stehen, weil die Zeit schon sehr früh drängt, oder es sind Brote für Familie oder Kinder zu bereiten, was oft im Laufschritt geschieht. Dann macht man sich auf den Weg, um in die Schule oder zum Arbeitsplatz zu gelangen, oder man nimmt die Aufgabe wahr, Kinder oder Angehörige dorthin zu transportieren. Meistens bedeutet das ziemlichen Stress, denn der morgendliche Verkehr ist von überfüllten Straßen, drängelnden Fahrzeugen, Rücksichtslosigkeit und Ampeln geprägt, die offenbar durchgängig auf Rotphasen gestellt zu sein scheinen.

Gefühle, die sich dabei einstellen, sind Ärger, Wut, Stress, Gehetztsein, Zeitdruck, Enge und Getriebensein. Auch der Körper kann Signale senden: Herzklopfen, Schweißausbrüche, Atemnot oder Hitzewallungen.

Es gibt sicher Arbeitsplätze, an denen man es sich zu Arbeitsbeginn gemütlich machen kann und erst einmal Kaffee kocht.

Im Regelfall wartet aber bereits ein Berg an Arbeit, der kaum zu schaffen sein wird. Das Telefon klingelt ohne Unterlass und unterbricht jedwede Regelmäßigkeit oder Konzentrationsversuche auf einen anderen Fokus. Auf dem Rechner finden sich im Mailfach bereits dringende Anfragen, die umgehend erledigt werden müssen. Der Chef meldet wieder einmal Sonderwünsche an, die vorrangig zu bearbeiten sind, wodurch dann andere offene Fragen zurückgestellt werden müssen und Vorgänge liegen bleiben. Und wieder begegnen Sie Stress, Erwartungsdruck, Zeitnot, Enge, Versagensangst und Rastlosigkeit.

Dann naht die Mittagspause, die man mit anderen Kollegen vielleicht in der Kantine verbringt, sich in die Schlange hinter dem Tresen einreiht, um dann Gargekochtes aus der Großküche oder vom Cateringzulieferer auf einem Tablett in Empfang zu nehmen. Am Tisch redet man über die Arbeit, diskutiert das Verhalten des Chefs oder schlingt wortlos das vorgesetzte Essen in sich hinein. Eile ist angesagt, Ruhe ist da nicht vorgesehen. Vielleicht ist im Anschluss noch Zeit für eine Zigarette, die man mit Kollegen im Freien raucht, eine kurze Pause zum Luftholen beim Inhalieren des blauen Dunstes.

Der Nachmittag unterscheidet sich vom Vormittag nur unwesentlich, vielleicht wird klarer, dass die Arbeit wieder nicht zu schaffen ist und man den Druck wieder mit nach Hause nehmen wird. Vielleicht stehen auch Gespräche mit Vorgesetzten auf dem Plan, um Soll-Ziele und Ist-Werte abzugleichen, Defizite zu erfahren und Forderungen zu erhalten.

Dann ist endlich Feierabend und man macht sich auf den Weg zurück. Die Bedingungen sind sich dabei ähnlich, denn wieder möchte jeder nun durch enge Straßen schnell irgendwo hin, vielleicht nach Hause, oder es sind dringende Einkäufe zu erledigen, weil der Kühlschrank leer ist oder weil man einfach Hunger hat. Der Mantel muss zur Reinigung, in der Buchhandlung ist eine Bestellung eingetroffen, das Auto braucht dringend einen Ölwechsel oder es gilt, schnell noch einen Arzttermin wahrzunehmen.

Überall sind viele Menschen, überall ist laute Hektik, überall will jeder viel, und zwar schnell.

Endlich kommt man dann in den eigenen vier Wänden an. Im Fernsehen wird man von einer liebevollen, gut gelaunten Frau begrüßt, die Kinder freuen sich und der Hund wedelt mit dem Schwanz. Alle sind voller Freude und Energie, nun gemeinsam fröhlich die Freizeit zu gestalten. Wunsch und Trugbild ist das. In der Wirklichkeit findet man entweder gar keinen Partner im Hause, weil man ja alleine lebt, und sieht stattdessen eine unaufgeräumte Wohnung vor sich. Man ahnt, dass der Abwasch sich wieder nicht von allein erledigt hat und weiß, dass trotz bleierner Müdigkeit noch substanzielle Arbeit im Haushalt ansteht. Oder der Partner wartet tatsächlich auf Sie, aber vor allem darauf, dass Sie sich nun auch endlich einmal um die nörgelnden Kinder kümmern, weil auch zu Hause Erschöpfung und die Grenzen der Belastbarkeit Einzug gehalten haben.

Da Sie Ihr Leben und den Alltag kennen, könnten Sie dieses Szenario beliebig bis zur Mitternacht erweitern. Und das ist alltägliche Wirklichkeit.

Auch wenn die Schilderungen in dieser Form ein wenig überzeichnet sein mögen, lässt sich doch erkennen: Mit den anfangs aufgestellten Postulaten, von denen es sich zu trennen gilt, haben Wirklichkeit und Alltag nicht viel gemein. Denn das sind fremde Bilder, Gaukeleien, virtuelle Welten, die Werbung, Medien und Internet zur Forderung erhoben haben.

Fatal daran ist nur, dass die virtuellen, propagierten Wirklichkeiten und Gefühle ständig, wie schon erwähnt, auf Sie niederprasseln. Und es passiert, was bei permanenter Berieselung fast schon Standard ist: Nach einer gewissen Beeinflussungsdauer findet nach und nach und immer mehr ein innerer Abgleich statt – ein Abgleich zwischen der vorgegaukelten Wirklichkeit und dem eigenen Erleben im Leben. Und irgendwann verwischen sich die Grenzen zwischen diesen Welten.

Unterschwellig taucht dann immer häufiger das Gefühl auf, zu dieser heilen und lustvollen Welt keinen Zutritt zu haben und in einem solchen Sinne nicht *normal* zu sein, der vermeintlichen Norm aus Virtualität und Gaukelei nicht zu entsprechen.

Man erfährt sich dann als „Loser", als eine Person, die es eben nicht schafft, deren Leistungsvermögen offenbar nicht ausreicht, um die versprochenen Belohnungen eines von Spaß erfüllten und fröhlich-lockeren Lebens zu erhalten.

Auch das ist in unserem Sinne eine Pathologisierung, eine Ausgrenzung als „nicht gesund", als nicht dazugehörig, als in solcher Definition dann eben „krank".

Dadurch entstehen wieder Konsequenzen, die weiter vom eigenen Ich entfernen. Denn wer dergestalt bemüht ist, der Virtualität zu entsprechen, verliert nicht nur den Blick für seine eigene Wirklichkeit, sondern er kann sich auch nicht um die Probleme, Fragen, Spannungsfelder in seinem Alltag kümmern, die Änderungsbedarf erkennen lassen und dringend zur Erhaltung von seelischer und körperlicher Gesundheit zu beachten wären. Wollte man diese komplexen Vorgänge banalisierend vergleichen, böte sich das Bild von jenem Esel an, dem man mit einem Stöckchen in gewissem Abstand eine Möhre vor die Nase hielte, um ihn zu Höchstleistungen zu bewegen, ohne dass er die Möhre je bekommen würde.

Es ist nicht unmöglich, sich aus diesem ständig an Dynamik zulegenden Teufelskreis zu befreien, das erfordert aber Achtsamkeit und Konsequenz.

**Der erste Schritt** einer solchen Entpathologisierung besteht darin, endlich die Wirklichkeiten anzuerkennen. Ein menschliches Leben ist geprägt von einer unüberschaubaren Zahl an Fragen, an Herausforderungen, an Problemen, an Hindernissen, an Einsatz und an Perspektiven. Und bei der Bewältigung all dieser Herausforderungen von Kindesbeinen an wird man Bestätigung, Anerkennung, Zuwendung, Liebe oder Erfolg begegnen.

Aber mindestens ebenso häufig werden Enttäuschung, Misserfolg, Versagen, Intrigen, Mobbing oder Ablehnung zu finden sein. Und das ist ganz normal.

Nirgendwo in einem Leben findet sich der garantierte Anspruch auf Wohlergehen, Vollversorgung, Zuwendung, Liebe oder Freundlichkeit.

Und das Leben ist auch nicht gerecht. Längst bekommt nicht jeder, was er in seinen Augen und nach seinem Anspruch auch „verdient".

Erfragt bei unseren Patienten zu einem solchen Kontext in den letzten 20 Jahren, findet sich in den Antworten eine hohe Übereinstimmung für emotionale „Normalität" im Leben: „5 % meines Lebens bin ich wirklich uneingeschränkt glücklich gewesen, 20 % meines Lebens habe ich mich ausgesprochen wohlgefühlt, etwa weitere 20 % ist es mir gut gegangen, 10 % meines Lebens kann ich als neutral bezeichnen, aber die restlichen 45 % waren Arbeit, Ungemach, Sorgen, Probleme, Enttäuschungen, falsche Erwartungen oder Zurückweisungen und Niederlagen."

Das alles sagt noch wenig oder gar nichts über die Qualität eines gelebten Lebens aus, es zeigt aber, wie weit weg von jeder Wirklichkeit die virtuellen Glücksansprüche angesiedelt sind, und wie nutzlos die aufreibende Suche nach einem solchen Gral sich Tag für Tag gestaltet und dadurch die Auseinandersetzung mit der eigenen Wirklichkeit verhindert.

Um bei sich und seinen Sinnen zu bleiben, ist es daher von Vorteil, sich der Wirklichkeit zu stellen, die eigenen Ansprüche und Erwartungen daran auszurichten und die Jagd nach vermeintlich leichter Glückseligkeit zu beenden.

Zu Beginn der Umstellung mag es ein erhebliches Maß an Disziplin und Aufmerksamkeit erfordern, um jeder virtuellen Versprechung ein inneres Stoppschild vorzusetzen. Aber nach erstaunlich kurzer Zeit wird Ihnen auffallen, wie absurd und albern Ihnen die vorab nicht überprüften Versprechungen und Maßstäbe erscheinen werden und wie klar und stimmig die eigenen Maßstäbe und Werte, ausgerichtet am „tatsächlichen" Alltag, wieder zum Mittelpunkt und zur Orientierung werden.

Sie fühlen sich zuerst ganz sicher erleichtert: Das Loser-Gefühl verabschiedet sich und der Erwartungsdruck verschwindet. Dann spüren Sie neue Freiheit, Räume zu gestalten, eigene Perspektiven zu entwickeln und Sie bemerken: „Ich bin wieder auf dem Weg zu mir!"

Die vermeintliche Kehrseite der Medaille soll dabei aber nicht verschwiegen werden, denn es treten so auch die anstehenden Probleme, Spannungsfelder und erlebten Defizite mehr in den Vordergrund. Aber eine Kehrseite ist das nur auf den ersten Blick. Denn nun ist Zeit und Raum und auch wieder Klarheit, Änderungsbedarf zu erkennen und die Spielräume dafür auch wahrzunehmen.

Man kann Abläufe neu gestalten, Zeitdruck abbauen durch neues Management, bewusst das Hier und Jetzt gestalten. Enttäuschungen über nicht realistische Erwartungen werden deutlich reduziert. Ruhe und Muße können wieder Einzug halten, wenn der Lauf nach fremden Vorgaben zum Wohlfühlen endlich zu einem Ende kommt. Freizeit wird nicht mehr nach Vorgaben der Werbung durch absolute Fitnessleistung und moderne Sportkleidung mit teuren Labeln bestimmt, sondern man entdeckt, wie wundervoll erholsam und energiespendend sich gemütliche Spaziergänge im nahen Waldgebiet auswirken. Am Abend lockt dann nicht mehr virtuelles Chatten in einer sterilen Community, stattdessen weckt das Lesen eines Buches die fast vergessene Kreativität an inneren Bildern und Gedanken.

Entpathologisieren Sie sich!

**Der zweite Schritt** besteht im Aushalten der durch die „neue" Wirklichkeit vermittelten Gefühle, die mit bestimmten Lebensereignissen nun einmal verbunden sind. Wer gerade die Trennung einer längeren Partnerschaft durchlebt, wird sich zunächst in einem Chaos aus Gefühlen wiederfinden. Wut, Enttäuschung, Trauer, Ohnmacht, Hilflosigkeit, Ratlosigkeit und Stress werden sich gleichsam die Klinke in die Hand geben in den inneren Erlebnisräumen. Das ist aber völlig normal und es macht nicht den geringsten Sinn, das zu leugnen. Es dokumentiert auch den Wert, den diese Beziehung hatte, und zeigt deutlich, was es in der kommenden Zeit an „Arbeit" bei der Regulation dieser Gefühle zu leisten gibt, damit sich nicht später – verdrängt und unbewusst – eine maskierte Dynamik entwickelt, zu der es kaum noch einen Zugang gibt.

Wenn in einer Familie oder im Freundeskreis ein Trauerfall auftritt, dann ist es absolut normal, dass Gefühle wie tiefe Trauer, Einsamkeit, Verlust, Leere und gänzliches Nichtbegreifen das innere Erleben bestimmen. Diese Wahrnehmungen sind stimmig, richtig und gut, denn man *hat* ja jemanden unwiederbringlich verloren und das *ist* traurig und nicht zu verstehen.

Es ist aber keine Depression, die Sie dann spüren, es ist ein normales Erleben von Abschiedsgefühlen. Psychoaktive Substanzen sind deshalb gänzlich fehl am Platz, denn Sie sind nicht krank. Sie müssen einen Schicksalsschlag verkraften, und das bedeutet ein hohes Maß an intensiver innerer Arbeit. Aber nur diese Arbeit ermöglicht es Ihnen, loszulassen und neue Wege zu gestalten. Anders ist das nun einmal nicht zu leisten. Wer anderes verspricht, der lügt.

Ein Leben ohne Enttäuschungen gibt es nicht. Diese können im zwischenmenschlichen Bereich auftreten, wenn Erwartungen nicht erfüllt werden, oder wenn vermeintlich vertraute Menschen unerwartete Verhaltensweisen an den Tag legen, die gänzlich im Kontrast zu Ihren eigenen ethischen Werten stehen. Vielleicht haben Sie in der Firma in langer Vorarbeit ein schlüssiges Konzept entwickelt, das Sie voller Freude einem Kollegen zeigen, der dem Abteilungsleiter eben dieses als sein eigenes Konzept vorlegt und dafür Lob oder eine Gehaltserhöhung erntet. In solchen Fällen ist man sprachlos, wütend, traurig oder plant gedanklich einen Mord. Oder man zieht sich sehr zurück und braucht eine Zeit für sich allein, um wieder Klarheit und Orientierung zu finden.

Auch das ist keine Krankheit, Depression oder aggressive Störung, sondern absolut berechtigt. Es zeigt eine absolut stimmige innere Erlebniswelt, die nach der Regulation dieser Empfindungen Konsequenzen im Umgang miteinander haben sollte.

Wer sich entpathologisiert, befindet sich im ständigen Kontakt zum eigenen inneren Ich. Der Wert des eigenen Selbst wird angemessen wahrgenommen und weiterentwickelt. Das ist eine tragfähige Basis, um das Leben autonom und stimmig für Verstand und Gefühl in Einklang zu führen.

Mitunter mag sich eine solche Lebensführung als anstrengend oder aufwändig darstellen. Weitaus kräftezehrender allerdings ist die unablässige Jagd nach einem Glück, das sich weder durch die versprochene Oberflächlichkeit noch durch suggerierte Leichtigkeit oder den Verzehr oder Kauf irgendwelcher Produkte je einstellen wird.

Die innere Arbeit an schwierigen und belastenden Lebensumständen sichert Ihnen am Ende seelisches und körperliches Wohlbefinden und Gesundheit. Psychoaktive Substanzen, Alkohol, Drogen oder esoterische Überbauung fixieren dagegen Konflikte, bauen weitere Spannungen auf, verschütten den Zugang zum inneren Erleben und Verschleiern eine sichere Orientierung.

# AUSBLICK

Bei der Arbeit zu diesem Buch bin ich Menschen begegnet, die in den hier aufgenommenen Beispielen ihr Beschwerdebild wiederfinden konnten, oder auch Kollegen, deren Arbeitsgebiet ebenfalls im therapeutischen Kontext zu finden ist.

Gar nicht selten waren in beiden Gruppen zwei ebenso vorsichtige wie fragende Einwände zu hören:

- „Das Buchkonzept leuchtet mir ein. Aber irgendwie liest sich das gar nicht wirklich neu, nicht wirklich anders. Wo sind denn nun echte Unterschiede, außer dass es sich um andere Perspektiven von bereits bekannten Krankheitsbildern handelt?"

- „Das ist ja alles gut und schön, aber hat diese Sicht der Dinge auch Konsequenzen oder handelt es sich mehr um eine akademische Frage in der Beurteilung von Ursache und Wirkung, deren Beantwortung ohne wirkungsvolle nachhaltige Folgen für die betroffenen Menschen ist?"

Für beide Hinweise bin ich dankbar, weil sie noch einmal Anlass für Klarheit und differenzierte Betrachtung sind.

Bei der ersten Begegnung mit dem Patienten verlangt die Diagnostik des Lost-Sense-Syndroms zunächst einmal den Abschied vom Schubladendenken aufseiten seines Therapeuten.

Im Frühfeld der Erkrankung finden sich zunächst Symptome, die relativ unspezifisch und deshalb verbal auch recht schwer zu vermitteln sind. So berichteten Patienten mit Lost-Sense-Syndrom oft von Entfremdung, von einem gewissen Verlorensein, von nicht wirklich definierbaren Veränderungen, von Kontaktverlust, einer Orientierungslosigkeit und Unsicherheit, von einem Werte- und Bedeutungswandel.

Auch genaueres Befragen bringt in diesem Stadium nur selten mehr Klarheit in der Symptombeschreibung. Denn es sind unbekannte Gefühle, die beschrieben werden sollen: Gefühle, mit denen die meisten Patienten früher nur selten oder gar nicht in Kontakt gekommen sind. Gefühle lassen sich nun einmal schwer in Worte fassen, und ganz besonders dann, wenn Vergleiche aus dem Erfahrungsschatz fehlen.

Mehr Symptome bestehen zu einem solchen frühen Zeitpunkt nicht. Und genau das ist von Bedeutung.

Denn die Schublade „Depression" mit all ihren Inhalten enthält auch ähnliche Symptome – aber eben *auch*. Daneben lassen sich immer auch andere Symptome finden, die es jetzt hier nicht aufzuzählen gilt. Es sind solche, die eine *Depression als Reaktion* auf den Verlust des Kontaktes zum eigenen Ich ausweisen, als eine Weiterentwicklung, als eine der möglichen Strategien auf die *eigentliche Ursache:* das Lost-Sense-Syndrom.

Erst findet die Entfremdung statt, erst erfolgt der Verlust des Kontaktes zum inneren Ich, erst wird die innere Wahrnehmung nicht mehr genutzt oder ist blockiert, erst werden diese Gefühle wie beschrieben wahrgenommen.

Die darauf folgenden Verhaltensmuster bestimmen dann, ob sich eine Depression entwickelt oder eine andere Erkrankung.

Genau *das* gilt es zu beachten, und genau *das* macht den ersten bedeutungsvollen Unterschied.

Deshalb ist es wichtig, zunächst herauszuarbeiten, ob die jeweiligen Gefühle den signifikanten Situationen des Alltags, in denen sie empfunden wurden, angemessen sind.

Dafür eignet sich auch der Vergleich mit früheren Gefühlen in ähnlichen Umständen. Dabei können Veränderungen aus den frühen Entwicklungsstadien erfasst werden. Es lässt sich dann eingrenzen, wann die Entfremdung stattgefunden hat und in welchen Schritten sie sich vollzog.

Durch solche Diagnostik offenbart sich der Hintergrund für die entfremdeten Gefühle. Durch solche Diagnostik wird es möglich, verlorene Kontakte zur inneren Wahrnehmung aufzuspüren. Durch solche Diagnostik wird die Schublade „Depression" geschlossen bleiben und eine angemessene therapeutische Begleitung bei dem Wiederaufbau der verlorenen Verbindungen erfolgen können.

Zu einem späteren Zeitpunkt werden sich die *Symptome vermischen*. Oft suchen die betroffenen Menschen erst zu einem fortgeschrittenen Zeitpunkt einen Therapeuten auf, wenn der Leidensdruck nicht mehr zu ertragen ist.

- Bei Patienten, die versucht haben, den Verlust der inneren Wahrnehmung und den Verlust der Nutzung dieser Informationen durch mehr Arbeit zu verbergen und zu kompensieren (siehe auch Kapitel „Gefühlsregulation"), werden sich ausgeprägte Zeichen eines Burn-out-Komplexes zeigen mit den entsprechenden Symptomen im Vordergrund wie Erschöpfung, Herzrhythmusstörungen oder Verlust aller Energiereserven.

- Bei Menschen, die eher dazu neigen, die Symptome zu verdrängen, sich weiter mit Engagement einzusetzen, aber dabei bemerken, wie es immer tiefer in die Orientierungslosigkeit geht, werden depressive Symptome im Vordergrund zu finden sein, wie das bekannte Morgentief, der Verlust von Perspektiven, Antriebslosigkeit, Grübeleien und Ratlosigkeit neben zunehmender Enttäuschung.

• Wer unentwegt nach Erklärungsversuchen fahndet, ohne sie zu finden, und sich dabei immer mehr in dem Labyrinth aus Kontaktverlust zum eigenen Ich, Verfremdung der Wahrnehmung und dem Verlust vertrauter Umgebung verirrt, wird eine Angstsymptomatik mit Panikattacken als Reaktion vorfinden.

In all diesen Fällen ist es notwendig, sich nicht mit diesem oberflächlichen, weil reaktiven Krankheitsbild zufriedenzugeben, sondern konsequent und gründlich nach den Hintergründen, den Wurzeln, den auslösenden Anteilen zu suchen. Die Diagnostik wird dann nahezu ausnahmslos zum Lost-Sense-Syndrom gelangen.

Das Aufdecken der Hintergründe ist in den Frühphasen des Lost-Sense-Syndroms von elementarer Bedeutung, weil die zielgerichtete Therapie ohne Umwege eingeleitet werden kann. Die Behandlung als Depression, Angststörung oder Burn-out-Syndrom hätte in diesen Fällen eine ausgeprägt nachteilige Bedeutung für den Patienten und wäre durch den Einsatz von psychoaktiven Substanzen in der Lage, das Krankheitsbild zu verschlechtern, zu verschleiern oder die Überleitung in die genannten Konsequenzen zu beschleunigen.

Und genau *das* ist der Unterschied, genau das ist neu und beim Umgang mit den Menschen, die sich einem Therapeuten anvertrauen, zu beachten.

Bei Folgeerkrankungen wie Depressionen, Ängsten oder Burnout-Syndrom gilt es abzuwägen. Stehen die entsprechenden Symptome sehr stark im Vordergrund, müssen Maßnahmen zur Regeneration, Angstlösung oder zum Depressionsabbau an erster Stelle erfolgen. Im zweiten Schritt allerdings sind therapeutische Inhalte an den Hintergründen und Ursachen auszurichten. Ob dabei die Wiedererlangung der Wahrnehmung innerer Signale im Mittelpunkt steht oder die Kompetenz emotionaler Regulation im Vordergrund ist, oder ob es vor allem darum geht, auch die Konsequenzen aus den gewonnenen Informationen zu ziehen, wird dann individuell entschieden werden müssen.

Ohne die Berücksichtigung dieser Hintergründe ist es sehr wahrscheinlich, dass Therapieversuche erfolglos bleiben, oder dass es ihnen an einer nachhaltigen Wirkung fehlen wird. Einen Garantieschein für ein therapeutisches Vorgehen wird es nie geben. Aber es wäre sicher fahrlässig, diese Zusammenhänge außer Acht zu lassen. Und auch *das* ist neu.

Die Bedeutung der Kenntnisse rund um das Lost-Sense-Syndrom, seine Hintergründe, die Zusammenhänge und Therapiemöglichkeiten ist für eine angemessene Arbeit mit den betroffenen Menschen und den prospektiven Heilungsmöglichkeiten von signifikanter Bedeutung. Nicht geringer im Wert stellen sich die möglichen Konsequenzen für die vorbeugende Wirkung dar, die salutogene (gesundheitsfördernde) Komponente. Bislang sind es weitgehend gesunde Ernährung und ausreichende Bewegung, einige Entspannungsverfahren und ein maßvoller Lebenswandel ohne Nikotin und Alkohol, denen eine Bedeutung für den Erhalt der Gesundheit beigemessen werden. Wenn man sich die am Anfang dieses Buches beschriebenen Zuwachsraten im Bereich der psychischen Erkrankungen anschaut, scheinen diese Maßnahmen für den seelischen Bereich nicht besonders wirkungsvoll zu sein.

Vor dem Hintergrund der steten und unablässigen Bedürfnisweckung im täglichen Lebensumfeld, die direkt oder indirekt, sofort oder erst nach einiger Zeit dafür sorgt, dass Menschen sich darin verlieren, den Kontakt zum eigenen Ich nicht mehr verfügbar haben und damit die wichtige, verlässliche und authentische Orientierungsmöglichkeit nicht mehr nutzen können, sind die ständig steigenden Erkrankungszahlen im psychischen Bereich nur eine verständliche Konsequenz.

Und dabei ist die Regulation der Gefühle, das Interpretieren der Botschaften aus dem eigenen Ich und die Umsetzung im alltäglichen Umfeld von tragender Bedeutung. Wer die Kenntnisse um das Lost-Sense-Syndrom nutzt, wird zuverlässig den wesentlichen Beitrag zur Erhaltung seiner seelischen und dem damit verbundenen Anteil körperlicher Gesundheit leisten können.

*Das* ist neu und von gesundheitlicher, volkswirtschaftlicher und sozialer Bedeutung: ein elementarer Beitrag zur Vorsorge, zu einer salutogenen Lebensführung.

Die Kenntnis vom Lost-Sense-Syndrom, das Wissen um seine Ursachen, Hintergründe, Zusammenhänge und die potenziellen Konsequenzen, ermöglicht zum einen eine sehr passgenaue Therapie, die entweder direkt auf eine Wiederherstellung der emotionalen Kompetenz abzielt und den Kontakt zum verlorenen ICH wiederherstellen kann. Oder sie ermöglicht die Behandlung einer zunächst im Vordergrund stehenden Symptomatik, z. B. eines Burn-out-Syndroms, einer Depression oder einer Angststörung. Direkt im Anschluss der weiteren therapeutischen Arbeit steht aber die Behandlung der Ursachen an der Wurzel, um wirkliche Veränderungen von Grund auf zu ermöglichen.

Zusätzlich, aber sicher nicht an letzter Stelle, wird die Aufmerksamkeit auf die große Anzahl an Entfremdungsmechanismen gelenkt, um vielleicht auch hier Veränderungen einzuleiten.

*Das* alles ist neu und kann von weitreichender Konsequenz und Bedeutung für die Zukunft sein.

Seit vielen Jahrzehnten wird die Psychotherapie von unterschiedlichen Schulen geprägt, Denkmodellen und Erklärungsversuchen, die Übersicht, Ordnung und Orientierung in die Psyche und menschliches Verhalten bringen sollen.

Es ist gerade in unserer Zeit sehr schwer, Orientierungen zu finden, wo mechanistische oder biochemische oder anatomische Erklärungen nicht wirklich greifen. Denn den Nachweis für die Existenz eines Unbewussten hat bislang noch niemand erbringen können. Auch die analytischen Grundlagen von der Existenz eines „Über-Ich", eines „Es" und eines „Ich" sind auf „materieller Ebene" nicht wirklich fassbar.

Gleichwohl können sie mitunter sehr hilfreich sein, um menschliches Erleben oder Verhalten auf eine verstehbare und nutzbare Ebene zu bringen.

Und es gibt wenig Zweifel daran, dass tiefenpsychologisch-fundierte Vorstellungen vom Einfluss der kindlichen und jugendlichen Entwicklung eine große Rolle im Leben von Menschen spielen.

Verhaltenstherapeutisch orientierte Konzepte ermöglichen zum Beispiel oft wieder ein Leben trotz oder mit einer Angst und zeigen Freiräume auf. Auch das macht alles einen Sinn.

Alle Erklärungsmodelle und Ordnungsversuche im Bereich von Psyche und Verhalten werden erst dann fragwürdig, wenn sie versuchen, ein jeweils „normales" von einem „krankhaften" Verhalten oder Erleben abhängig zu machen von der Zuordnung zu den jeweiligen „Schulen". Menschen werden dann als gesund oder normal definiert, wenn sie den Vorstellungen der jeweiligen Erklärungsmodelle entsprechen. Abweichungen davon sind dann krankhaft oder eben nicht normal.

Das Wissen um die Existenz, die Hintergründe und die Zusammenhänge beim Lost-Sense-Syndrom kann sehr hilfreich dabei sein, einem solchen Irrtum nicht anheimzufallen. Es wird dabei noch einmal sehr deutlich, dass nicht Normen oder von anderen Menschen erdachte Erklärungsmodelle oder Ordnungsprinzipien allein bestimmen können wie Verhalten oder menschliches Empfinden zu beurteilen oder zu bewerten ist. Vielmehr geraten das eigene Empfinden, die eigenen Maßstäbe und die emotionale Kompetenz in den Vordergrund der Betrachtungen und nehmen so mehr Einfluss auf jede Form von Therapie.

Die Ausrichtung ist dann im Schwerpunkt am Maßstab „Bekömmlichkeit" zu suchen, wie Verhalten und Erleben individuell bei jedem Menschen sinnvoll, stimmig und akzeptabel für ihn zu erleben oder zu gestalten ist.

Damit fällt es leichter, den Menschen besser gerecht zu werden und sie wirkungsvoll auf dem Weg zum Wohlbefinden zu unterstützen.

# LITERATUR-
## VERZEICHNIS

Ader, Robert
*Psychoneuroimmunology.*
Elsevier Academic Press, 2007

Alman, Brian
*Selbsthypnose – Ein Handbuch zur Selbsttherapie.*
Carl Auer Systeme Verlag, 2013

Baer, Udo; Frick-Baer, Gabriele
*Das ABC der Gefühle.*
Beltz Verlag, 2012

Berking, Matthias
*Training emotionaler Kompetenzen.*
Springer Verlag, Heidelberg 2010

Blohm, Wolfgang
*Kribbeln im Bauch: Gefühle als Wegweiser.*
mvg Verlag, 2005

Blohm, Wolfgang
*Selbsthypnose und Hypnotherapie.*
mvg Verlag, 2006

Brödner, Peter
*Nachhaltige Arbeitsgestaltung: Trendreports
zur Entwicklung und Nutzung von Humanressourcen.*
R. Hampp Verlag, 2002

Dilling, Horst und Freyberger, Harald J.
*Taschenführer zur ICD-10-Klassifikation psychischer Störungen.*
Hans Huber Verlag, 2012

Ekman, Paul
*Gefühle lesen.*
Spektrum Akademischer Verlag, 2011

Erickson, Milton H.
*Gesammelte Schriften.*
Carl Auer Systeme Verlag, 1997

Frances, Allen
*Normal gegen die Inflation psychiatrischer Diagnosen.*
DuMont Verlag, 2013

Frevert, Ute
*Gefühlswissen.*
Campus Verlag, 2011

Gaab, Jens
*Chronische Erschöpfung und chronisches Erschöpfungssyndrom.*
Hogrefe Verlag, 2005

Galliker, Mark
*Psychologie der Gefühle und Bedürfnisse.*
Kohlhammer Verlag, Stuttgart 2009

Von Glasersfeld, Ernst
*Radikaler Konstruktivismus.*
Suhrkamp, 1997

Von Glasersfeld, Ernst
*Wie wir uns erfinden.*
Carl Auer Systeme Verlag, 2010

Glück, Tobias Maximilian
*Erprobung und Validierung eines kurzzeitigen,
onlinebasierten Achtsamkeitstrainings.*
Diplomarbeit, Wien 2010

Greenberg, Leslie S.
*Emotionsfokussierte Therapie.*
dgvt Verlag, 2011

Gross, James
*Handbook of Emotion Regulation.*
The Guilford Press, 2009

Holodynski, Manfred
*Emotionen: Entwicklung und Regulation.*
Springer Verlag, Heidelberg 2006

Hüther, Gerald
*Das Geheimnis der ersten neun Monate:*
*Unsere frühesten Prägungen.*
Beltz, 2012

Kabat-Zinn, Jon
*Zur Besinnung kommen.*
Arbor Verlag, 2006

Kaechelen, Wolf-Peter
*Tatau und Tattoo.*
Shaker Verlag, 2002

Leahy, Robert L.
*Emotion Regulation in Psychotherapy.*
Guilford Press, New York 2011

Mary, Michael
*Ab auf die Couch: Wie Psychotherapeuten immer neue Krankheiten erfinden und immer weniger Hilfe leisten.*
Blessing Verlag, München 2013

Petermann, Franz u. Wiedebusch, Silvia
*Emotionale Kompetenz bei Kindern.*
Hogrefe Verlag, 2008

Retzer, Arnold
*Miese Stimmung.*
S.Fischer Verlag, 2012

Revenstorf, Dirk et al. (Hrsg.)
*Hypnose in Psychotherapie und Medizin.*
Springer Verlag, Heidelberg 2008

Saarni, Carolyn
*The Development of Emotional Competence.*
Guilford Pubn, 1999

Schnellknecht, S.
*Entwicklung emotionaler Kompetenz.*
Verlag Dr. Müller, Stuttgart 2007

Schubert, Christian
*Psychoneuroimmunologie und Psychotherapie.*
Schattauer Verlag, 2012

Sennett, Richard
*Der flexible Mensch.*
btb Verlag, 2000

Turkle, Sherry
*Verloren unter 1000 Freunden.*
Riemann Verlag, München 2012

Virani, Amana
*Gefühle – eine Gebrauchsanweisung.*
Verlag V.C.S. Dittmar, 2007

von Foerster, Heinz
*Wie wir uns erfinden.*
Carl Auer Systeme Verlag, 2010

von Salisch, M. (Hrsg.)
*Emotionale Kompetenz entwickeln.*
Kohlhammer Verlag, Stuttgart 2002

*Wolfgang Krahé*
*und Heinz J. Weigt*
**Mein erschöpftes Ich**
Burnout – Energieblockaden
lösen und die Lebenskraft
wiederfinden

200 Seiten · Klappenbroschur
978-3-89901-791-5

## Mit den sieben Chakren gegen Burnout

*„Gutes Leben resultiert aus Bezogenheit, Beziehung und Begegnung – in*
*drei existentiellen Dimensionen: zu sich Selbst, zum Anderen, und zum*
*umfassenden Ganzen. In diesen drei Richtungen gut, intensiv verbunden*
*zu sein ist das Beste, was uns Menschen passieren kann."*

Ausgehend von der Burnout-Erkrankung untersuchen die Autoren in dem
Buch "Mein erschöpftes Ich" den gestörten Fluss der Lebensenergie. Mittels
der Chakren-Lehre eröffnen sie einen anschaulichen Zugang zu den sonst
verborgenen Lebensenergien in unserem Körpers und unserer Seele. Mit
einer völlig neuen Herangehensweise schaffen sie eine Möglichkeit, sich
dem Schatten auf der Seele in einer konstruktiven Weise zu nähern – und
ihn zu überwinden. Dabei verbindet das Buch medizinischen Fakten und
praktischen Erfahrungen. Beispiele und Übungen tragen zu einem neuen
und tieferen Verständnis von Burnout und Depression bei.

**weltinnenraum.de**

**J.Kamphausen** | Mediengruppe

**Innehalten**

Eine Anstiftung
zur Entschleunigung

Helmut Rennschuh

*Helmut Rennschuh:*

**Innehalten**
Eine Anstiftung
zur Entschleunigung

336 Seiten · Broschur
978-3-89901-757-1

## Ein altes Geheimnis neu entdecken

Das Buch beschreibt einen Weg zu einer weitgehend vergessenen Kraftquelle: dem Innehalten. Wir brauchen es, wie die Luft zum Atmen. Und doch geht es vielen Menschen im hektischen Alltag mehr und mehr verloren. Das hier beschriebene *Innehalten* ist Weg und Ziel gleichermaßen und entwickelt einen praktischen Übungsweg – die Stufen des Innehaltens:

- Innehalten öffnet einen Raum für Achtsamkeit, offene Wahrnehmung und Wahlfreiheit.
- Innehalten führt zum Erleben einer lebendigen Stille – zur Präsenz.
- Selbst während einer Tätigkeit können wir innehalten. Dazu bedarf es keiner Extrazeit.
- Als ‚Nicht-Tun' im Handeln führt Innehalten zu einer frei ausbalancierten Haltung: wir gehen freier, gelassener und aufrechter durchs Leben.

Das Buch zeigt die zahlreichen Verbindungen zwischen moderner Naturwissenschaft und Spiritualität auf und führt beide einander näher.

**weltinnenraum.de**

**J.Kamphausen** | Mediengruppe

Diamond Approach
Lebendige Beziehung Glücksprinzip
Spirituelle Romane Stille und Meditation Zen
Persönlichkeitsentwicklung inspire!
Integral **jkamphausen** Alter & Übergang
Kommunikation Einheitserfahrung
Naikan Psychologie
TM Advaita neues Denken & Handeln
Transzendenz & Bewusstsein

## Mit Liebe fürs Detail und für die Umwelt

Bei der Auswahl der Inhalte, die wir präsentieren, achten
wir auf Originalität, Kompetenz, Praxisrelevanz und Qualität.
So können wir mit Herz und Seele hinter unseren Büchern,
Hörbüchern, Filmen und den anderen Produkten stehen,
die wir mit viel Liebe und Aufmerksamkeit bis ins letzte
Detail fertigen.

Wir leisten einen aktiven Beitrag zum Umweltschutz
und verbrauchen nur wirklich notwendige Ressourcen —
so sparsam wie möglich. Wir drucken überwiegend auf 100%
Recyclingpapier oder produzieren unsere Titel klimaneutral.
99% unserer Fertigung findet in Deutschland statt, so haben
wir kurze Transportwege und unterstützen die lokale
Wirtschaft.

Inspirationen, interessante und wertvolle Neuigkeiten,
Wahres, Schönes & Gutes sowie wichtige Termine
können Sie regelmäßig in unserem Newsletter erfahren
oder hier: www.facebook.com/weltinnenraum

weltinnenraum.de
**J.Kamphausen** | Mediengruppe